Ensino Religioso

Coleção **TEMAS DO** *Ensino Religioso*

I. Pressupostos do Ensino Religioso
1. Ensino religioso: construção de uma proposta – João Décio Passos
2. Ensino religioso: aspectos legal e curricular – Sérgio R. A. Junqueira, Rosa L. T. Corrêa, Ângela M. R. Holanda
3. Que é religião?
4. Religião e ciência
5. Religião e interdisciplinaridade
6. Educação e religiosidade

II. Questões Fundamentais
1. O sagrado
2. Narrativas sagradas
3. Ritos: expressões e propriedades – Maria Angela Vilhena
4. A ética
5. Como a religião se organiza: tipos e processos – João Décio Passos

III. Tradições Religiosas
1. Catolicismo brasileiro
2. As constelações protestantes
3. Pentecostais: origens e começo – João Décio Passos
4. Religiões indígenas e afro-brasileiras
5. Religiões orientais no Brasil
6. Novos movimentos religiosos: o quadro brasileiro – Silas Guerriero
7. Espiritismos

IV. Temas Contemporâneos
1. Pluralismo religioso: as religiões no mundo atual – Wagner Lopes Sanchez
2. Fundamentalismo ontem e hoje
3. Sincretismo religioso
4. Em que crêem as tribos urbanas?
5. O uso de símbolos: sugestões para a sala de aula – Maria Celina de Queirós Cabrera Nasser

SÉRGIO R. A. JUNQUEIRA
ROSA L. T. CORRÊA
ÂNGELA M. R. HOLANDA

Ensino Religioso

Aspectos legal e curricular

Dados Internacionais de Catalogação na Publicação (CIP)
(Câmara Brasileira do Livro, SP, Brasil)

Junqueira, Sérgio Rogério Azevedo
   Ensino Religioso : aspectos legal e curricular / Sérgio Rogério Azevedo Junqueira, Rosa Lydia Teixeira Corrêa, Ângela Maria Ribeiro Holanda. — 1. ed. — São Paulo : Paulinas, 2007. — (Coleção temas do ensino religioso)

   Bibliografia.
   ISBN 978-85-356-2098-6

   1. Educação religiosa 2. Ensino I. Corrêa, Rosa Lydia Teixeira. II. Holanda, Ângela Maria Ribeiro. III. Título. IV. Série.

07-6909   CDD-371.07

Índice para catálogo sistemático:

1. Ensino religioso escolar : Educação   371.07

A coleção *Temas do Ensino Religioso* é uma iniciativa
do Departamento de Teologia e Ciências da Religião da PUC-SP

Direção-geral: *Flávia Reginatto*
Editores: *Luzia M. de Oliveira Sena*
Afonso M. L. Soares
Assistente de edição: *Andréia Schweitzer*
Copidesque: *Anoar Jarbas Provenzi*
Coordenação de revisão: *Marina Mendonça*
Revisão: *Jaci Dantas e Mônica Elaine G. S. da Costa*
Direção de arte: *Irma Cipriani*
Gerente de produção: *Felício Calegaro Neto*
Capa e editoração eletrônica: *Telma Custódio*

2ª edição – 2010

Nenhuma parte desta obra poderá ser reproduzida ou transmitida por qualquer forma e/ou quaisquer meios (eletrônico ou mecânico, incluindo fotocópia e gravação) ou arquivada em qualquer sistema ou banco de dados sem permissão escrita da Editora. Direitos reservados.

Paulinas
Rua Dona Inácia Uchoa, 62
04110-020 – São Paulo – SP (Brasil)
Tel.: (11) 2125-3500
http://www.paulinas.org.br
editora@paulinas.com.br
Telemarketing e SAC: 0800-7010081

© Pia Sociedade Filhas de São Paulo – São Paulo, 2007

SUMÁRIO

Apresentação da coleção 7
Siglas e abreviações 11
Introdução 13

Primeira parte

O ENSINO RELIGIOSO NAS LEGISLAÇÕES NACIONAIS

I. Primeiros passos do Ensino Religioso no
sistema republicano 17
II. O Ensino Religioso na Lei de Diretrizes e Bases
da Educação Nacional 31

Segunda parte

O ENSINO RELIGIOSO E AS NORMATIZAÇÕES ESTADUAIS

I. O Ensino Religioso no contexto das regiões Norte,
Nordeste e Centro-Oeste do Brasil 55
II. O Ensino Religioso no contexto das regiões Sudeste
e Sul do Brasil 91

Considerações finais 109

Bibliografia 113

APRESENTAÇÃO DA COLEÇÃO

Esta obra dos professores Sérgio Junqueira, Rosa Corrêa e Ângela Holanda vem preencher uma grave lacuna em nossas atuais discussões sobre o ER. A Coleção Temas do Ensino Religioso sai enriquecida com este trabalho, que consagra uma parceria entre o DTCR da Pontifícia Universidade Católica de São Paulo (PUC-SP) e o Fonaper. É nosso comum escopo contribuir para a garantia da disciplina ER na formação básica do cidadão.

Para tanto, tarefa inadiável é investir no apoio aos docentes da disciplina, incentivando sua capacitação específica. Ao sugerir e coordenar tal projeto, a equipe do DTCR quer unir a prática de educadores que já desenvolvem o ER em muitas escolas do país à pesquisa que vários profissionais das Ciências da Religião vêm desenvolvendo no âmbito universitário. Dessa forma, esperamos que estes subsídios consigam ir ao encontro de uma demanda reprimida por obras na área e com esta perspectiva.

Este projeto nasceu de uma "provocação" criativa que nos foi feita por Paulinas Editora, cujo protagonismo na área é notório e reconhecido.[1] Entre os principais objetivos aqui almejados, destacamos: proporcionar aos docentes o conhecimento dos elementos básicos do fenômeno religioso a partir da experiência

---

[1] Além da conhecida revista *Diálogo*, são exemplos da opção de Paulinas sua presença junto ao Fonaper, sua coleção didática sobre ER, o patrocínio da revista do Departamento de Teologia e Ciências da Religião da PUC-SP (*Religião & Cultura*) e as coleções voltadas para a formação em Ciências da Religião (*Repensando a Religião, Religião e Cultura, Literatura e Religião* e *Estudos da ABHR*).

dos alunos; expor e analisar o papel das tradições religiosas na sociedade e na cultura; contribuir com a compreensão das diferenças e semelhanças entre as tradições religiosas; refletir sobre a relação entre os valores éticos e práticas morais com as matrizes religiosas presentes na sociedade e na cultura; apresentar a religião como uma referência de sentido para a existência dos educandos e como um fator condicionante para sua postura social e política; elucidar a problemática metodológica, curricular e legal do ER; e, finalmente, explicitar os processos de constituição, identificação e interação das denominações religiosas em seus diferentes contextos.

Assim como o presente trabalho, todos os demais foram escritos como subsídio para a formação dos docentes de ER e de disciplinas afins do ensino fundamental e médio. Sabemos da importância de uma formação que prepare especificamente para o ER e é inegável a carência de material adequado e de publicações academicamente qualificadas. Portanto, cremos ser bastante oportuna uma coleção que contemple as grandes temáticas e as enfoque diretamente para quem deve lecionar esta disciplina.

A particularidade deste livro que ora apresentamos é sua contribuição técnica numa área que se tem revelado um verdadeiro cipoal jurídico, com interesses políticos desencontrados e grande dose de desinformação a respeito. Trata-se do aspecto legal e curricular do ER, temática complexa e delicada sobre a qual se debruçaram, em nosso benefício, as professoras Ângela Holanda e Rosa Corrêa e o professor Sérgio Junqueira.

Conhecer adequadamente a legislação sobre o tema que nos interessa aqui é uma atitude cidadã que, entre outras vantagens, vai nos municiar contra as tentativas de reduzir o estudo do fenômeno religioso a uma atividade confessional ou pertencente a alguma "teologia". Queremos garantir como base epistemológica desse ensino as Ciências da Religião. Só assim nos qualificaremos para uma abordagem que aprofunde as questões da experiência e das expressões religiosas, a exposição panorâmica das tradições religiosas e suas correlações socioculturais. Este enfoque multifacetado (Fenomenologia, História, Sociologia, Antropologia e Psicologia da Religião), que contempla, ao mesmo tempo, o olhar da Educação, precisa ter o devido respaldo legal. Se isso não vem sendo observado, o primeiro passo é estarmos conscientes de onde e por quê.

De certo modo, esta coleção inspira-se nos parâmetros curriculares do ER assim como foram originalmente pensados pelo Fonaper. Tais balizas tiveram sua importância num passado recente, na busca de um consenso construído por profissionais e especialistas da área, para definir as bases teóricas e metodológicas de um ER que supere abordagens e práticas de recorte catequético ou teológico. Nesse sentido, os volumes publicados prestam a devida atenção a aspectos como: culturas e tradições religiosas, distintas teologias, textos sagrados e tradições orais, ritos e *ethos*. Além disso, o conjunto dos títulos pretende apresentar problemas epistemológicos de fundo, tais como a pesquisa científica que nutre essa área, a educação, a interdisciplinaridade, a legislação sobre ER, a definição de Religião — bem como expor as grandes tradições religiosas que compõem de modo particular o campo religioso brasileiro.

É principalmente nesse aspecto epistemológico que o presente livro é muito bem-vindo. Ele é, ademais, o segundo volume da seção Pressupostos, que trata das questões de fundo, entre as quais a legislação que regulamenta o ER.[2] Como sempre, tivemos o cuidado de oferecer textos em linguagem acessível, sem hermetismos acadêmicos, com alusões internas a autores e obras fundamentais, com poucas e sucintas notas de rodapé. Ao final de cada capítulo, são propostas algumas questões para recapitulação do assunto e indicadas algumas obras a quem desejar aprofundar a discussão. No fim do volume, há uma referência bibliográfica completa.

Por fim, só nos resta agradecer, de um lado, ao professor Junqueira e às professoras Corrêa e Holanda por mais esta valiosa contribuição, e, do outro, a todas as entidades que tornaram possível esta realização. Fazemos votos de que continue sendo profícuo o diálogo crescente entre todos os que empenhamos tempo pela causa do ER.

Dr. Afonso Maria Ligorio Soares – PUC-SP
Coordenador da Coleção *Temas do Ensino Religioso*

---

[2] As outras três seções são: *Questões fundamentais* (elementos constitutivos das tradições religiosas), *Tradições religiosas* (matrizes e instituições predominantes no campo religioso brasileiro e mundial) e *Temas contemporâneos* (alguns processos que dinamizam as religiões).

SIGLAS E ABREVIAÇÕES

CEB	Câmara de Educação Básica
CEE	Conselho Estadual de Educação
CES	Câmara de Educação Superior
CME	Conselho Municipal de Educação
CNE	Conselho Nacional de Educação
Comcer	Comissão Central de Ensino Religioso
Coner	Conselho do Ensino Religioso
Conet	Coordenação Nacional de Educação Teológica
Crer	Comissão Regional de Educação Religiosa
DTCR	Departamento de Teologia e Ciências da Religião
Eape	Escola de Aperfeiçoamento de Profissionais da Educação
ER	Ensino Religioso
Fonaper	Fórum Nacional Permanente do Ensino Religioso
LDB	Lei de Diretrizes e Bases
LDBEN	Lei de Diretrizes e Bases da Educação Nacional
MEC	Ministério da Educação e do Desporto
PCB	Partido Comunista Brasileiro
PMDB	Partido do Movimento Democrático Brasileiro
PSDB	Partido da Social Democracia Brasileira
PT	Partido dos Trabalhadores
SEE	Secretaria Estadual de Educação
SME	Secretaria Municipal de Educação
UDN	União Democrática Nacional
UNE	União Nacional dos Estudantes

INTRODUÇÃO

As comunidades, à medida que foram se organizando, perceberam a necessidade de estabelecer normas para orientar o cotidiano e aspectos das relações entre seus membros. Há um conjunto de legislações no país que regulam, norteiam, diferenciados assuntos. Conhecer a legislação é um ato cidadão que não pode ficar restrito aos especialistas da área jurídica. Os direitos, deveres, obrigações e proibições são instituídos para o funcionamento organizacional da sociedade e são da responsabilidade de todos.

Desse modo, para compreender as legislações nos atuais textos que orientam o ER nos Estados brasileiros, organizamos este texto em duas partes, sendo a primeira uma retrospectiva histórico-legislativa das Constituições e Leis da Educação ao longo do período republicano (a partir de 1890), e a segunda parte, um estudo sobre os textos que regulamentam e normatizam esse ensino nos Estados a partir do art. 33 da LDBEN 9.394/96, alterado pela Lei 9.475/97. A proposta é entendermos a atual compreensão jurídica do ER no Brasil.

Primeira parte

O ENSINO RELIGIOSO NAS LEGISLAÇÕES NACIONAIS

PRIMEIROS PASSOS DO ENSINO RELIGIOSO NO SISTEMA REPUBLICANO

OBJETIVOS

- Identificar o processo histórico da escolarização do ER no Brasil.
- Apresentar de maneira sistematizada as legislações que orientaram nacionalmente o ER.

SUBSÍDIOS PARA APROFUNDAMENTO

Uma nova concepção da educação escolar foi manifestada segundo princípios estabelecidos pelos republicanos e explicitados desde o início do regime, com a criação, em 1889, do Ministério de Instrução, Correios e Telégrafos. O Ministro empossado para esse cargo foi Benjamim Constant, um dos idealizadores do positivismo no Brasil. Embora tenha exercido a função somente até 1891, Constant foi responsável por uma profunda reforma no ensino que envolveu alterações no currículo, reestruturação dos conteúdos, de acordo com a organização das ciências e dos princípios de Augusto Comte.

Assumiu-se na Constituição do Regime Republicano no Brasil a Educação de compreensão laica. Tal compreensão era decorrente da interpretação francesa de então, que tomou como princípio da liberdade religiosa a "neutralidade escolar", entendida como ausência de qualquer tipo de informação religiosa. Portanto, a expressão de que seria o "ensino leigo", presente na Constituição, foi assumida por muitos legisladores do regime republicano no Brasil como um ensino irreligioso, ateu, laicista, sem a presença de elementos oriundos das crenças dos cidadãos que freqüentavam as escolas mantidas pelo Estado.

A escola pública, na perspectiva do ensino laico, desprovida de seu caráter sacral, foi condenada explicitamente pelos membros da hierarquia eclesiástica católica. Estes afirmavam que a Igreja Católica não aprovava as escolas nas quais se havia suprimido todo o ensino da doutrina cristã.

A hierarquia eclesiástica católica procurou apelar para o fato de que a população brasileira era católica. Portanto, invocava ainda uma influência nas orientações políticas do país (cf. LUSTOSA, 1992, 25-27).

Embora o episcopado brasileiro ressentisse a perda de espaços no novo sistema, o governo republicano deixava plena liberdade para que a instituição eclesiástica se expandisse e se fortalecesse:

Art. 72.

§ 3º Todos os indivíduos e confissões religiosas podem exercer pública e livremente o seu culto, associando-se para esse fim e adquirindo bens, observadas as disposições do direito comum.

§ 4º A República só reconhece o casamento civil, cuja celebração será gratuita.

§ 5º Os cemitérios terão caráter secular e serão administrados pela autoridade municipal, ficando livre a todos os cultos religiosos a prática dos respectivos ritos em relação aos seus crentes, desde que não ofendam a moral pública e as leis.

§ 6º Será leigo o ensino ministrado nos estabelecimentos públicos.

§ 7º Nenhum culto ou Igreja gozará de subvenção oficial, nem terá relações de dependência ou aliança com o Governo da União, ou o dos Estados.

(REPÚBLICA DOS ESTADOS UNIDOS DO BRASIL. Constituição da República dos Estados Unidos do Brasil [24 fevereiro 1891]. In: BONAVIDES, Paulo; AMARAL, Roberto. *Textos políticos da História do Brasil*. Brasília: Senado Federal, 1996. v. 8, p. 193.)

Progressivamente a Igreja aceitou o novo regime e, de certo modo, tirou proveito dele, pois sua separação oficial do Estado permitia-lhe restaurar com mais liberdade seus quadros e estreitar sua ligação com a Santa Sé.

O Ensino Religioso no sistema republicano brasileiro

Várias foram as reformas de ensino realizadas nos primeiros anos da República, dentre as quais se destaca a reforma Rivadávia Corrêa (1911), que retomou a orientação positivista, tentou imprimir um critério prático ao estudo das disciplinas, ampliou a aplicação do princípio de liberdade espiritual ao pregar a liberdade de ensino, aboliu o diploma em favor de um certificado de assistência e aproveitamento, transferiu para as faculdades os exames de admissão ao ensino superior com o objetivo de que o secundário formasse o "cidadão" e não apenas o "candidato" ao nível seguinte de ensino.

O Governador de Minas Gerais no ano de 1928, diante de protestos dos católicos diante das medidas de cunho laicizantes introduzidas no sistema escolar, promulgou a Lei 1.092/28, que reintroduziu o ER nas escolas oficiais mineiras. Essa Lei representa o coroamento de um longo e cuidadoso trabalho do clero mineiro junto à sociedade e traduz o reconhecimento, por parte do governo, do prestígio e da influência da Igreja no Estado e de sua inestimável ajuda na solução de conflitos sociais (cf. PEIXOTO, 1942, 57-58).

A República tinha a esperança de que finalmente conseguiria organizar no Brasil uma rede pública de "ensino para todos". Mas somente com a "Revolução de Trinta" e o Manifesto de 1932, bem como também em decorrência dos embates políticos, conseguiu-se responsabilizar o Estado, por meio da Constituição de 1934, pelo estabelecimento de um Plano Nacional de Educação e pela expansão da rede de ensino.

Os anos de 1910 a 1930 foram marcados por um grande esforço da Igreja Católica, como instituição, para aproximar-se do Estado, apesar de algumas reações oposicionistas da Maçonaria. Nesse período houve a tentativa de organizar partidos católicos, como a Liga Eleitoral Católica (LEC), visando orientar os fiéis na escolha de candidatos a cargos políticos no processo constitucional de 1934 e 1946. A Igreja Católica formulou um programa contemplando uma lista de questões que, segundo ela, seriam fundamentais e a apresentou aos políticos interessados em apoiá-la. Entre os pontos polêmicos no campo da Educação estava o ER. Subjacente às idéias contidas naquele programa estava a busca da restauração católica na sociedade brasileira. Segundo a Igreja, a compreensão de homem, mundo e Deus estaria sendo progressivamente destruída pela Modernidade e pela Maçonaria.

Nessa perspectiva, a compreensão católica dessas realidades representava a integralidade humana, fundamental para o desenvolvimento dos indivíduos e das famílias. A educação foi compreendida como uma das estratégias mais importantes para o desenvolvimento desse projeto. Incutia-se o conhecimento moral e religioso, elevando a personalidade individual e social, pela união com Deus. A educação foi uma constante preocupação do episcopado, de maneira especial no ensino primário.

A discussão sobre a organização escolar não era apenas quanto ao modelo do ER, mas também quanto à concepção de educação como um todo, revelando uma oscilação entre a influência humanista clássica e a realista ou científica.

Ao longo da Primeira República desenvolveu-se uma intensa campanha para reduzir os efeitos práticos do dispositivo constitucional que referendava a laicidade do Estado. Na defesa da Igreja da década de 1930, encontramos Augusto de Lima e posteriormente Leonel Franca, que, em Minas Gerais, teve seu texto sobre o ER incorporado à Constituição de 1934, sendo facultativo para o aluno e obrigatório para a Escola. Entretanto, em 1937, ele passa a ser facultativo para ambos. Com a Constituição de 1946, essa questão volta à baila. Gustavo Capanema, Ex-Ministro da Educação do governo de Getúlio Vargas, praticamente o responsável pela elaboração do capítulo sobre Educação da Constituição de 1946, propôs uma alteração de redação em relação à legislação de 1934. As famílias dos estudantes teriam que indicar desde a matrícula a participação nessas aulas de ER (cf. FÁVERO, 1996, 164-175). O ER é explicitado no Decreto 19.941, de 30 de abril de 1931, nesses termos:

> O Chefe do Governo Provisório da República dos Estados Unidos do Brasil decreta:
> Art. 1º Fica facultativo, nos estabelecimentos de instrução primária, secundária e normal, o ensino da religião.
> Art. 2º Da assistência às aulas de religião haverá dispensa para os alunos cujos pais ou tutores, no ato da matrícula, a requererem.
> Art. 3º Para que o ER seja ministrado nos estabelecimentos oficiais de ensino, é necessário que um grupo de, pelo menos, vinte alunos se proponha a recebê-lo.
> Art. 4º A organização dos programas de ER e a escolha dos livros de texto ficam a cargo dos ministros do respectivo culto, cujas comunicações, a este respeito, serão transmitidas às autoridades escolares interessadas.
> Art. 5º A inspeção e vigilância do ER pertencem ao Estado, no que se respeita à disciplina escolar, e às autoridades religiosas, no que se refere à doutrina e à moral dos professores.
> (REPÚBLICA DOS ESTADOS UNIDOS DO BRASIL. *Constituição dos Estados Unidos do Brasil*. Rio de Janeiro: Senado Federal, 1931. v. 1, p. 703.)

Art. 168. A legislação do ensino adotará os seguintes princípios:
V – O ER constitui disciplina dos horários das escolas oficiais, é de matrícula facultativa e será ministrado de acordo com a confissão religiosa do aluno, manifestada por ele, se for capaz, ou pelo seu representante legal ou responsável.
(REPÚBLICA DOS ESTADOS UNIDOS DO BRASIL. Constituição dos Estados Unidos do Brasil (18 setembro 1946). In: BONAVIDES, Paulo; AMARAL, Roberto. *Textos políticos da História do Brasil*. Brasília: Senado Federal, 1996. v. 9.)

Essas modificações foram respaldadas pelo Presidente Getúlio Vargas em vista de um possível apoio da Igreja. Seria uma preciosa vantagem para poder governar este imenso país, na medida em que teria apoio político de grande parte dos católicos.

Na concepção católica, a educação integral assumia papel relevante para assegurar a preparação do ser humano para a vida, terrestre e celeste. Na visão liberal, ao contrário, sob os princípios da "Escola Nova", a educação era essencialmente processo de reconstrução da experiência em que liberdade, interesse e diálogo indicavam princípios básicos de relações democrático-liberais no interior da escola e da sala de aula. A ação educativa deveria ser realizada seguindo os interesses infantis e para a vida. A escola deveria preparar os jovens ao trabalho, à atividade prática e ao exercício da competição. O aprender a aprender consubstanciou uma espécie de lema escolanovista que referendou não só o princípio liberal do individualismo, mas também a idéia de autonomia por parte do aluno como condição para inserir-se no universo urbano-industrial.

A Lei Orgânica do Ensino Secundário foi preparada pessoalmente por Gustavo Capanema, ao longo de todo o ano de 1941. Ele incluiu a instrução religiosa no currículo do ensino secundário, entre as disciplinas de educação geral:

> A religião terá que ser ensinada em aula e praticada na conformidade de seus mandamentos (confissão, comunhão, missa, exercícios religiosos). A escola entrará aqui em entendimento com a Igreja e a família [...]. O ER não se confunde, entretanto, com a prática, culto ou devoção religiosa. O ensino deve ser instituído pelas escolas [...], reservando-se para ele certo período do horário semanal. O professor será um sacerdote ou leigo, conforme a maior conveniência do estabelecimento (CAPANEMA, Gustavo. *Projeto da Lei Orgânica do Ensino Secundário*. Rio de Janeiro: Mimeo, 1941.)

As primeiras versões do anteprojeto da Lei Orgânica concebiam a educação religiosa como uma matéria "sem caráter de obrigatoriedade", provocando uma forte reação de duas lideranças católicas: padre Leonel Franca e Alceu Amoroso Lima. Segundo este último, não era possível deixar opcional essa disciplina, por fazer parte da formação das novas gerações.

A versão final da Lei Orgânica do Ensino Secundário levou em consideração essa preocupação e determinou em seu artigo que o ensino de religião constituiria parte integrante da educação da adolescência. Portanto, sendo lícito aos estabelecimentos de ensino secundário incluí-lo nos estudos do primeiro e do segundo ciclos, sendo os programas de religião e seu regime didático fixados pela autoridade eclesiástica. Essa proposta foi regulamentada poucos dias antes da promulgação da Lei Orgânica por meio de uma portaria ministerial:

O ensino de religião será ministrado pelos estabelecimentos de ensino secundário que o adotarem em uma ou duas aulas semanais, que serão incluídas pelos horários entre os trabalhos escolares normais (REPÚBLICA DOS ESTADOS UNIDOS DO BRASIL. *Portaria Ministerial n. 97 (22 abril 1942)*. Rio de Janeiro: Ministério da Educação e Ensino, 1942).

Os programas para o ER no curso secundário foram elaborados ainda em 1942 e encaminhados ao Ministro da Educação pelo arcebispo do Rio de Janeiro, dom Jaime de Barros Câmara, a fim de serem orientados segundo a visão eclesiástica. Procurando seguir as normas estabelecidas pelo Ministério, o documento apresenta, junto com os programas, as instruções metodológicas para sua execução, explicita-se que a finalidade do curso de religião é formar o cristão. Entre os conteúdos propostos estão: as principais verdades da fé, a moral cristã, o culto e os sacramentos. Ao final do curso ginasial, a Igreja Católica seria apresentada aos alunos como a grande vencedora de todos os obstáculos erguidos contra ela no correr dos tempos.

A introdução do ER nas escolas brasileiras, a partir de 1931, foi justificada pelo Ministro da Educação, Francisco Campos, com argumentos de caráter filosófico e pedagógico. Contudo, existe um aspecto político evidente: tratava-se de obter o apoio da Igreja ao novo governo, oriundo da Revolução de 1930. Entretanto, a dimensão política não esgota todo o significado desse ato. Além dela, o decreto de introdução do ER nas escolas teve igualmente uma dimensão ideológica. Ao identificar "formação moral" com a educação religiosa e transferir para a Igreja a responsabilidade da formação moral do cidadão, o Estado não apenas responde às exigências dos educadores católicos, que reclamavam para a Igreja essa tarefa, mas também se mostra fiel a sua concepção autoritária, pelo estabelecimento de mecanismos para reforçar a disciplina e a autoridade.

Promulgada a quinta Constituição Brasileira (18 de setembro de 1946), restabeleceu-se o regime democrático do país, sendo que o capítulo referente à Educação reintroduziu alguns princípios que foram suprimidos na "Carta Ditatorial". Entre esses princípios que figuravam na Constituição de 1934, estavam o direito de educação para todos, com o primário obrigatório, a assistência aos estudantes e a gratuidade do ensino oficial para todos no nível primário e, nos níveis ulteriores, para quantos provassem falta ou insuficiência de meios (cf. CHAGAS, 1980, 54).

O país, em uma perspectiva cutural-religiosa, encontra-se a partir da década de 1940 em face de um desafiante período da passagem de uma economia agropastoril para uma realidade de rápida urbanização, ou seja, de uma sociedade aparentemente homogênea para a explicitação de sua realidade pluralista, progressivamente com o vislumbre das novas possibilidades da tecnologia que chega aos lares brasileiros. Além disso, nesse cenário, os movimentos migratórios tanto do campo para a cidade quanto intra-regiões certamente deram maior visibilidade a particularidades culturais regionais, colocando em evidência o pluralismo religioso.

A problemática do ER, comprovada por meio das Constituições da "Segunda República" (1946), do "Regime Militar" (1967) e da "Constituição Cidadã" (1988) explicitam a separação entre Estado e Igrejas, mas validam a possibilidade de liberdade religiosa, mesmo que concretamente sofram restrições. Nesse sentido temos respectivamente:

Art. 31. À União, aos Estados, ao Distrito Federal e aos municípios é vedado:
II – estabelecer ou subvencionar cultos religiosos, ou embaraçar-lhes o exercício.

Art. 141.
§ 7º É inviolável a liberdade de consciência e de crença e assegurado o livre exercício dos cultos religiosos, salvo o dos que contrariem a ordem pública ou os bons costumes. As associações religiosas adquirirão personalidade jurídica na forma da Lei Civil.
§ 8º Por motivo de convicção religiosa, filosófica ou política, ninguém será privado de nenhum dos seus direitos, salvo se a invocar para se eximir de obrigação, encargo ou serviço impostos pela Lei aos brasileiros em geral, ou recusar os que ela estabelecer em substituição daqueles deveres, a fim de atender escusa de consciência.
(REPÚBLICA DOS ESTADOS UNIDOS DO BRASIL. Constituição dos Estados Unidos do Brasil [18 setembro 1946]. In: BONAVIDES, Paulo; AMARAL, Roberto. *Textos políticos da História do Brasil*. Brasília: Senado Federal, 1996. v. 9, p. 364.)

Art. 19. É vedado à União, aos Estados, ao Distrito Federal e aos municípios:
I – estabelecer cultos religiosos ou Igrejas, subvencioná-los, embaraçar-lhes o exercício ou manter com ele ou com seus representantes relações de dependência ou aliança, ressalvada a colaboração de interesse público, e na forma e nos limites da Lei Federal, notadamente no setor educacional, no assistencial e no hospitalar.

Art. 153.

§ 5º É plena a liberdade de consciência e fica assegurado aos crentes o exercício dos cultos religiosos que não contrariem a ordem pública e os bons costumes.

§ 6º Por motivo de crença religiosa ou de convicção filosófica ou política, ninguém será privado de qualquer de seus direitos, salvo se o invocar para eximir-se de obrigação legal a todos imposta, caso em que a Lei poderá determinar a perda dos direitos incompatíveis com a escusa de consciência.

§ 7º Sem caráter de obrigatoriedade, será prestada por brasileiros, nos termos da Lei, assistência religiosa às forças armadas e auxiliares, e, nos estabelecimentos de internação coletiva, aos interessados que a solicitarem, diretamente ou por intermédio de seus representantes legais.

(REPÚBLICA FEDERATIVA DO BRASIL. *Constituição da República Federativa do Brasil.* Brasília: Senado Federal, 1967.)

Art. 5º Todos são iguais perante a lei, sem distinção de qualquer natureza, garantindo-se aos brasileiros e aos estrangeiros residentes no País a inviolabilidade do direito à vida, à liberdade, à igualdade, à segurança e à propriedade, nos termos seguintes:

VI – é inviolável a liberdade de consciência e de crença, sendo assegurado o livre exercício dos cultos religiosos e garantida, na forma da lei, a proteção aos locais de culto e a suas liturgias;

VII – é assegurada, nos termos da lei, a prestação de assistência religiosa nas entidades civis e militares de internação coletiva;

VIII – ninguém será privado de direitos por motivo de crença religiosa ou de convicção filosófica ou política, salvo se as invocar para

eximir-se de obrigação legal a todos imposta e recusar-se a cumprir prestação alternativa, fixada em lei.
(REPÚBLICA FEDERATIVA DO BRASIL. *Constituição da República Federativa do Brasil*. Brasília: Senado Federal, 1988.)

Dos trechos das três Constituições depreende-se que o Brasil vem sistematicamente, em conseqüência de sua herança cultural, refletindo e orientando a questão religiosa no país numa perspectiva plural.

QUESTÕES

1) Quais elementos similares entre as Constituições brasileiras durante a República colaboraram na formação da identidade do ER nacional?
2) Como caracterizar a presença do ER no espaço público da Educação brasileira?
3) Quais os limites do ER em decorrência da legislação nacional?

BIBLIOGRAFIA SUGERIDA

JUNQUEIRA, Sérgio Rogério Azevedo. *O processo de escolarização do Ensino Religioso no Brasil*. Petrópolis: Vozes, 2002.
CARON, Lurdes (org.). *O Ensino Religioso na nova LDBEN*. Petrópolis: Vozes, 1998.

O ENSINO RELIGIOSO NA LEI DE DIRETRIZES E BASES DA EDUCAÇÃO NACIONAL

OBJETIVOS

- Identificar na LDBEN a construção da escolarização do ER no Brasil.
- Sistematizar as concepções de ER nas legislações de educação nacional.

SUBSÍDIOS PARA APROFUNDAMENTO

A situação do ER introduzida na primeira LDBEN, no ano de 1961 (Lei 4.024), homologou o modelo mais antigo de ER utilizado em todo o território nacional: o ER confessional. Na Comissão de Educação da Constituinte que antecede a promulgação da lei, políticos, como Milton Caires de Brito (PCB-SP), afirmaram que essa disciplina era um constrangimento no cotidiano escolar. Aliomar Baleeiro (UDN-BA), percebendo a pressão mantida pelos partidários, propôs que a disciplina fosse ministrada fora dos horários normais de aula, sem ônus para os cofres públicos.

É interessante destacar que os que apoiavam a manutenção da disciplina, como Ataliba Nogueira, Adroaldo Mesquita da Costa, Monsenhor Arruda Câmara, Ferreira de Sousa, não contestaram o conteúdo dos opositores; apenas afirmaram que o ER sempre havia sido ministrado gratuitamente e seria interessante assim permanecer.

A disciplina assumiu uma característica de "corpo estranho" no currículo, não apenas por ser facultativa, mas também pelo fato de o próprio registro dos docentes caber à autoridade religiosa e não ao sistema de educação. Outro desafio operacional para o sistema escolar era a divisão das turmas segundo o credo:

> Art. 97. O ER constitui disciplina dos horários normais das escolas oficiais, é de matrícula facultativa e será ministrado sem ônus para os cofres públicos, de acordo com a confissão religiosa do aluno, manifestada por ele, se for capaz, ou pelo seu representante legal ou responsável.
>
> § 1º A formação de classe para o ER independe de número mínimo de alunos.
>
> § 2º O registro dos professores de ER será realizado perante a autoridade religiosa respectiva.
>
> (MINISTÉRIO DA EDUCAÇÃO E CULTURA. Lei de Diretrizes e Bases da Educação Nacional – 4.024/61. In: SAVIANI, Dermeval. *Política e educação no Brasil*. 66. ed. Campinas: Autores Associados, 1996. p. 3.)

A perspectiva confessional orienta o ER nos Estados segundo a catequese na escola. A partir dessa compreensão, os Estados da

Federação, por meio de suas Constituições Estaduais e a legislação para a Educação, assumiram a mesma proposição, tendo como característica a inexistência de um programa específico. Os professores o faziam por doação, pois não eram remunerados por esse trabalho. A exceção foi Minas Gerais.

Em conseqüência do movimento catequético e da renovação pedagógica, os que atuavam dentro das escolas progressivamente se preocuparam em melhor estruturar o trabalho. O texto da Lei 4.024/61 simplesmente ratificou uma realidade já existente.

O Ensino Religioso em novos contextos

Na década de 1960, a ânsia de liberdade, tanto no campo individual quanto no coletivo, levou pessoas a lutarem por direitos civis e políticos. No campo da participação política, no período ditatorial, a repressão foi severa sobre os movimentos populares e estudantis, produzindo em conseqüência sucessivos mecanismos de repressão, entre eles o lendário AI-5 (Ato Institucional número 5), a mais marcante força repressiva na história social e política do Brasil.

No cenário da racionalidade técnica da década de 1970, a formação profissionalizante se tornaria bandeira da escola pública, que precisava formar para o mercado de trabalho, gerando um capital humano compatível com as exigências do capitalismo industrial internacional. Desse modo, abandonou-se um percurso entre a educação humanista e as primeiras experiências de uma proposição progressista. Essa compreensão educativa foi corroborada por meio das reformas do ensino superior e de primeiro e segundo graus. A primeira de finalidade acentuadamente política, e a segunda, econômica.

No universo da reforma trazida pela Lei 5.692/71, o ER foi contemplado por ser compreendido como um elemento que colaboraria na "formação moral" das gerações:

> Art. 7º
> Parágrafo único – O ER, de matrícula facultativa, constituirá disciplina dos horários normais dos estabelecimentos oficiais de 1º e 2º graus (MINISTÉRIO DA EDUCAÇÃO E CULTURA. Lei 5.692/71).

Posteriormente, ao longo da década de 1980, com o término do Regime Militar, a população retornou às ruas para requerer direitos de cidadania. Os partidos políticos marginalizados voltaram à legalidade, bem como os organismos de representação estudantil, como a UNE. A censura foi abrandada e restabeleceram-se debates políticos, não somente nas "praças públicas", mas também nas salas de aula. Para a maioria dos setores sociais concentrados nos novos partidos e nas organizações da sociedade civil, a democracia era concebida como a ampliação da participação do indivíduo na vida pública. O direito ao voto e a relação participativa entre indivíduos e Estado passaram a ser entendidos como expressão de cidadania. Os partidos políticos, instrumentos clássicos de intermediação entre Estado e indivíduo, perdem, por sua vez, o monopólio da representatividade. A chamada "sociedade civil organizada" por meio de associações profissionais, de bairro, de consumidores, de sindicatos, assume o papel de interlocutora legítima com o Estado.

Todo esse movimento foi expresso por meio da eleição dos Constituintes em 1986, ano que marcou o fim do autoritarismo militar implantado em 1964 e início da redemocratização no Brasil. A Constituição aprovada em 5 de outubro de 1988 foi certamente a mais democrática dentre as Constituições brasileiras, justamente por trazer maiores preocupações com os chamados direitos sociais. Entre as características dessa Constituição podemos ressaltar, entre outras: a manutenção da tradição republicana brasileira do regime representativo, presidencialista e federativo; a ampliação e o fortalecimento dos direitos individuais e das liberdades públicas; a extensão do direito do voto facultativo a analfabetos e maiores de dezesseis anos; a manutenção da separação entre Estado e Igreja.

Esse entendimento, do ponto de vista da Carta Magna, é importante para compreender o caráter amplamente democrático dessa Lei na qual está inserido o modelo de ER construído no Brasil:

> Art. 210. Serão fixados conteúdos mínimos para o ensino fundamental, de maneira a assegurar formação básica comum e respeito aos valores culturais e artísticos, nacionais e regionais;
> § 1º O ER, de matrícula facultativa, constituirá disciplina dos horários normais das escolas públicas de ensino fundamental.

Oito anos após a promulgação da Constituição, foi sancionada, em 20 de dezembro de 1996, a LDBEN 9.394/96, denominada também de "Lei Darcy Ribeiro". Orientava os sistemas de educação de todo o país e pretendia favorecer a diversidade nacional e a pluralidade cultural brasileira. Implicou uma nova compreensão para a Educação nacional, com princípios e fins mais amplos:

> Art. 2º A educação, dever da família e do Estado, inspirada nos princípios da liberdade e nos ideais de solidariedade humana, tem por finalidades o pleno desenvolvimento do educando, seu preparo para o exercício da cidadania e sua qualificação para o trabalho.
>
> Art. 3º O ensino será ministrado com base nos seguintes princípios:
> I – igualdade de condições para o acesso e permanência na escola;
> II – liberdade de aprender, ensinar, pesquisar e divulgar a cultura, o pensamento, a arte e o saber;
> III – pluralismo de idéias e de concepções pedagógicas;
> IV – respeito à liberdade e apreço à tolerância;
> V – coexistência de instituições públicas e privadas de ensino;
> VI – gratuidade do ensino público em estabelecimentos oficiais;
> VII – valorização do profissional da educação escolar;
> VIII – gestão democrática do ensino público, na forma desta Lei e da legislação dos sistemas de ensino;
> IX – garantia de padrão de qualidade;
> X – valorização da experiência extra-escolar;
> XI – vinculação entre a educação escolar, o trabalho e as práticas sociais.
> (MINISTÉRIO DA EDUCAÇÃO E DESPORTO. *Lei de Diretrizes e Bases da Educação Nacional – Lei 9.394/96*. Rio de Janeiro: Qualitymark, 1997. arts. 2-3.)

A inserção do ER no contexto global da educação, na perspectiva dos educadores favoráveis a essa inserção, visava tornar as relações do saber mais solidárias e participativas, ajudando a descobrir instrumentos eficazes para a compreensão e a ação transformadora da realidade social, através dos valores fundamentais da vida. Ao mesmo tempo, tinha por objetivo contribuir com o caráter democrático que a sociedade brasileira começava a incorporar, na medida em que suas diferenças e pluralidades culturais pudessem ser manifestadas e legitimadas em espaços de relações com o conhecimento, como é a escola.

Todos esses esforços foram frustrados, no que se refere ao ER, com a redação final da LDBEN 9.394/96, que confirmou esse ensino "sem ônus para o Estado". O corpo docente deveria trabalhar de forma voluntária ou financiada pelas tradições religiosas.

> Art. 33.
> § 3º O ER, de matrícula facultativa, constitui disciplina dos horários normais das escolas públicas de educação básica, sendo oferecido, sem ônus para os cofres públicos, de acordo com as preferências manifestadas pelos alunos ou por seus responsáveis, em caráter: [...].
> (MINISTÉRIO DA EDUCAÇÃO E DESPORTO. *Lei de Diretrizes e Bases da Educação Nacional – Lei 9.394/96*. Rio de Janeiro: Qualitymark, 1997. n. 33.)

Levando-se em conta o art. 210 da Constituição Federal, o ER foi aprovado na LDBEN 9.394/96, com a seguinte estrutura:
a) de matrícula facultativa, uma disciplina apenas para os alunos interessados;
b) ministrada nos horários normais das escolas públicas do ensino fundamental; mas para as escolas da rede privada não há nenhuma determinação;

c) não acarretando nenhum ônus para os cofres públicos;
d) oferecida conforme as preferências manifestadas pelos alunos ou por seus responsáveis;
e) podendo ter caráter confessional ou interconfessional.

O ER foi considerado confessional quando ministrado de acordo com a confissão religiosa do aluno ou responsável. Nesse caso, professores e orientadores seriam preparados e credenciados pelas respectivas Igrejas ou entidades religiosas, enquanto o interconfessional seria ministrado por professores indicados por mais de uma entidade religiosa, após entrarem em acordo entre si. Esses profissionais seriam os responsáveis pela elaboração e desenvolvimento do respectivo programa.

Os sistemas de ensino deveriam se responsabilizar pelo credenciamento de professores ou orientadores do ER de suas respectivas escolas, a fim de os docentes atuarem de forma articulada com as entidades.

Nessa versão, aprovada pelo Legislativo, chama a atenção a completa omissão sobre o que fazer com os alunos que não optarem pela disciplina. Os sistemas de ensino poderiam assegurar-lhes atividades alternativas para o horário, objetivando desenvolver valores éticos, o sentimento de justiça, a solidariedade humana, o respeito à Lei e o amor à liberdade. O fato é que nada foi mencionado.

A expressão "sem ônus para os cofres públicos" suscitou e ampliou novos estudos sobre a identidade do ER, reforçando a necessidade de serem salvaguardados os princípios da liberdade religiosa e do direito do cidadão que freqüenta a escola pública. Isso implica que nenhum cidadão deve ser discriminado por motivo de crença e todos devem ter assegurada uma educação integral, incluindo o desenvolvimento de todas as dimensões do seu ser, inclusive a religiosa, independentemente das concepções e crenças religiosas pessoais.

Um dos principais enfoques dessas novas discussões foi a tradicional argumentação republicana da "separação entre Estado e Igreja", nos termos do Decreto 119-A (janeiro de 1890), revisto e incluído na Constituição de 1988, em vigor, nos termos do art. 19:

> À União, aos Estados, ao Distrito Federal e aos municípios é vedado:
> I – estabelecer cultos religiosos ou Igrejas, subvencioná-los, embaraçar-lhes o exercício ou manter com ele ou com seus representantes relações de dependência ou aliança, ressalvada a colaboração de interesse público, e na forma e nos limites da Lei Federal, notadamente no setor educacional, no assistencial e no hospitalar.

Houve então um movimento pró-ER de norte a sul do país, mobilizando os professores e a sociedade para que o ER tivesse um tratamento como disciplina do currículo escolar. O próprio Presidente da República reconheceu a necessidade de rediscutir e reelaborar a proposição sobre o ER na legislação de Educação, e para tal solicitou ao Ministro da Educação que assumisse essa revisão.

Paulo Renato de Souza, então Ministro da Educação, de fato anunciou ser esse um tema ainda por ser discutido. Enviaria um "Projeto de Lei" ao Congresso para mudar o artigo sobre o ER nas escolas públicas. Comunicou por ocasião da homologação da nova LDBEN que, em janeiro de 1997, convocaria integrantes de várias religiões para conversar sobre o tema.

O próprio Ministro da Educação e do Desporto, em memorando interno (EM 78) ao Presidente da República, em 12 de março de 1997, afirmava sobre a dificuldade de o governo garantir o que estava exposto na LDBEN, por existir uma diferença entre o texto da Lei e o da Constituição Brasileira. Sobretudo para as escolas cujos alunos se dividissem entre ensino interconfessional e ensino confessional. No segundo caso, certamente os docentes seriam elementos estranhos ao sistema de ensino, o que poderia dificultar operacionalmente a dinâmica do cotidiano da escola.

A intenção do governo era dar uma nova concepção à disciplina, em vista de acenar não para o ensino doutrinário, mas para o fenômeno religioso voltado à formação da pessoa humana e dos valores éticos. Contudo, tal estrutura criou situações operacionais difíceis de serem articuladas no cotidiano escolar. Em conseqüência dessa situação, várias confissões religiosas se mobilizaram e conseguiram que a Presidência da República autorizasse a produção de outras propostas.

No Congresso Nacional, o processo legislativo prosseguia em consonância com todos os movimentos de pressão para a estruturação dessa disciplina escolar. Foram apresentadas três proposições de mudanças. O primeiro Projeto de Lei 2.757/97, de autoria do deputado Nelson Marchezan (PSDB-RS), não introduziu grandes alterações; propôs simplesmente a retirada da expressão "sem ônus para os cofres públicos":

O Congresso Nacional decreta:
Art. 1º O art. 33, *caput*, da Lei 9.394, de 20 de dezembro de 1996, passa a vigorar com a seguinte redação: O ER, de matrícula faculta-

tiva, constitui disciplina dos horários normais das escolas públicas de ensino fundamental, sendo oferecido de acordo com as preferências manifestadas pelos alunos ou por seus responsáveis.
(MARCHEZAN, Nelson. *Projeto de Lei 2.757-A de 1997*. Brasília: Câmara dos Deputados, 1997.)

A justificativa estava baseada no princípio de que o ER é componente curricular da educação básica e de importância para a formação do cidadão e para seu pleno desenvolvimento como pessoa humana, sendo dever constitucional do Estado em matéria educacional.

A essa proposição foram repensados dois projetos. O primeiro, 2.997/97, de autoria do deputado Maurício Requião (PMDB-PR), alterava significativamente a redação do art. 33 da Lei da Educação. Pretendia que o ER fosse parte integrante da formação básica do cidadão, com conteúdos que respeitassem a diversidade cultural brasileira, a serem definidos segundo os Parâmetros Curriculares Nacionais, de comum acordo com as diversas denominações religiosas ou entidades que as representam, além de vedar qualquer forma de doutrinação ou proselitismo.

O segundo Projeto de Lei (3.043/97), de autoria do Poder Executivo, tramitou em regime de urgência constitucional, nos termos do art. 64, § 1º, da Constituição Federal. Tratava da possibilidade de não aplicar o disposto no art. 33 da LDBEN, quando o ER favorecesse modalidade de caráter ecumênico, desse acesso a conhecimentos que promovessem a educação do senso religioso, respeitasse as diferentes culturas e fosse sem proselitismo. Remetia a definição de procedimentos e conteúdos, bem como a formas de treinamento, recrutamento e remuneração dos professores para a competência de cada sistema de ensino, admitindo parceria total ou parcial, para este fim, com entidade civil constituída pelas diferentes denominações religiosas.

Nenhuma das proposições recebeu emendas dentro dos prazos regimentais.

Os três projetos evidenciaram importantes convergências: o ER é parte integrante da formação do ser humano, como pessoa e cidadão, estando o Estado obrigado a promovê-lo, não somente pela previsão de espaço e tempo na grade horária curricular da educação básica pública, mas também pelo seu custeio, quando não se revestir de caráter doutrinário ou proselitista, possibilitando aos educandos o acesso à compreensão do fenômeno religioso e ao conhecimento de suas manifestações nas diferentes denominações religiosas.

Tratava-se de uma postura que satisfazia plenamente os dispositivos constitucionais e definia a relação entre o Estado e as tradições religiosas, inserindo-se, inclusive, de forma adequada, na hipótese de colaboração de interesse público, previsto na Constituição Federal. Nada mais de interesse público do que a formação integral e o pleno desenvolvimento da pessoa humana, objetivo fundamental da educação nacional, tal como mencionado no art. 205 da Carta Magna (1988):

> A educação, direito de todos e dever do Estado e da família, será promovida e incentivada com a colaboração da sociedade, visando ao pleno desenvolvimento da pessoa, seu preparo para o exercício da cidadania e sua qualificação para o trabalho.

Coube ao deputado Roque Zimmermann (PT-PR), membro da Comissão de Educação, Cultura e Desporto, assumir a relatoria desse processo. A proposta apresentada pelo deputado foi na realidade uma colaboração do Fonaper, resultado de diversos estudos de professores e comunidades acadêmicas comprometidas com essa disciplina curricular. O substitutivo, sem utilizar novas terminologias, respeitava o espírito de todas as discussões, ou seja, o pluralismo religioso:

> O ER, conforme art. 210, § 1º, da Constituição da República Federativa do Brasil (1988), será oferecido pelo Estado a todo educando da rede pública estatal, gratuitamente, na forma de Ensino inter-religioso, de modo a não suscitar proselitismo ou privilegiar instituições religiosas no interior da escola.
> § 1º Os Parâmetros Curriculares Nacionais do ER serão norteadores da ação pedagógica desse ensino.
> § 2º Os professores de ER serão do quadro próprio do magistério, devidamente habilitados.
> § 3º As denominações religiosas poderão se reunir, constituindo-se em entidade própria para supervisionar o cumprimento da Lei, credenciar os profissionais do ER e participar na construção dos parâmetros desse ensino.
> § 4º A regulamentação desta Lei far-se-á pelos órgãos competentes de cada Unidade da Federação, consideradas as realidades já existentes.
> § 5º Esta Lei entra em vigor na data de sua publicação.
> (ZIMMERMANN, Roque. *Minuta de Projeto para regulamentação do art. 33 da LDBEN (9.394/96)*. Brasília: Câmara dos Deputados, 1997.

Ao longo dos debates na Câmara dos Deputados, foi possível perceber, através das participações dos deputados, as concepções do ER ainda persistentes. A alteração do conteúdo desse artigo não foi exatamente a posição assumida por muitos dos parlamentares.

Durante o período de discussão sobre o art. 33, o CNE aprovou em Conselho Pleno, em 11 de março de 1997, o Parecer 05/97, sobre a interpretação do art. 33 da Lei 9.394/96:

> No que compete ao Conselho Pleno, concluímos este Parecer reafirmando que, para a oferta do ER nas escolas públicas de ensino fundamental, da parte do Estado, e, portanto dos sistemas de ensino e das escolas, cabe-lhes, antes do período letivo, oferecer horário apropriado e acolher as propostas confessionais e interconfessionais das diversas religiões para, respeitado o prazo do art. 88 da Lei 9.394/96, ser incluída no Projeto Pedagógico da escola e transmitida aos alunos e pais, de forma a assegurar a matrícula facultativa no ER e optativa segundo a consciência dos alunos ou responsáveis, sem nenhuma forma de indução de obrigatoriedade ou de preferência por uma ou outra religião. Com isso, cremos estar sendo estimulados o respeito à Lei e o exercício da liberdade, da democracia e da cidadania (CONSELHO NACIONAL DE EDUCAÇÃO. *Parecer 05/97 – Interpretação do art. 33 da Lei 9.394/96*. Brasília: 1997).

Esse Parecer foi alterado na sessão de 17 de junho de 1997, no Plenário da Câmara dos Deputados, quando da aprovação, por quase unanimidade, do novo texto do art. 33 da LDBEN. A seguir, o texto foi aprovado no Senado Federal, no dia 9 de julho, e sancionado pelo Presidente da República, no dia 22 de julho do mesmo ano, com a seguinte redação:

Art. 33. O ER, de matrícula facultativa, é parte integrante da formação básica do cidadão e constitui disciplina dos horários normais das escolas públicas de educação básica, assegurado o respeito à diversidade cultural religiosa do Brasil, vedadas quaisquer formas de proselitismo.

§ 1º Os sistemas de ensino regulamentarão os procedimentos para a definição dos conteúdos do ER e estabelecerão as normas para a habilitação e admissão dos professores.

§ 2º Os sistemas de ensino ouvirão entidade civil, constituída pelas diferentes denominações religiosas, para a definição dos conteúdos do ER.

(REPÚBLICA FEDERATIVA DO BRASIL. Lei 9.475 [22 de julho de 1997, que dá nova redação ao art. 33 da Lei (9.394/96) de Diretrizes e Bases da Educação Nacional]. In: FÓRUM NACIONAL PERMANENTE DO ENSINO RELIGIOSO. *Parâmetros Curriculares Nacionais do Ensino Religioso*. 3. ed. São Paulo: Ave Maria, 1998. p. 66.)

A partir desse momento, prioriza-se o princípio religioso, sem acentuar esta ou aquela tradição religiosa; cada aluno será aceito independentemente do credo professado. Essa alteração da legislação foi conseqüência de um significativo movimento articulador promovido pelo Fórum Nacional Permanente do ER.

A nova redação do art. 33 focaliza o ER como disciplina escolar, entendendo-o como uma área do conhecimento, com a finalidade de reler e compreender o fenômeno religioso, colocando-o como objeto da disciplina.

Por outro lado, a aprovação desse artigo nessa nova versão representa uma conquista por parte da sociedade civil organizada, ao mesmo tempo em que expressa, ao primar pela diversidade cultural religiosa, o princípio democrático já presente na sociedade brasileira.

O próximo passo na articulação do ER, na perspectiva da escolarização, foi o fato de o CNE confirmar essa disciplina como uma das dez áreas do conhecimento que orientam o currículo nacional das escolas brasileiras. Isso se formalizou por meio da Resolução 02/98 sobre as Diretrizes Curriculares do Ensino Fundamental:

> IV – Em todas as escolas deverá ser garantida a igualdade de acesso para alunos a uma base nacional comum, de maneira a legitimar a unidade e a qualidade da ação pedagógica na diversidade nacional. A base comum nacional e sua parte diversificada deverão integrar-se em torno do paradigma curricular, que vise a estabelecer a relação entre a educação fundamental e:
> a) a vida cidadã através da articulação entre vários dos seus aspectos, como: a saúde; a sexualidade; a vida familiar e social; o meio ambiente; o trabalho; a ciência e a tecnologia; a cultura; as linguagens; as áreas de conhecimento: Língua Portuguesa; Língua Materna, para populações indígenas e migrantes; Matemática; Ciências; Geografia; História; Língua Estrangeira; Educação Artística; Educação Religiosa – conforme o art. 33 da Lei 9.394/96.
> (Resolução 02 – Diretrizes Curriculares Nacionais para o Ensino Fundamental – Câmara de Educação Básica do Conselho Nacional de Educação Homologada pelo Ministro da Educação e do Desporto, em 27 de março de 1998.)

A questão do ER dentro ou não das oitocentas horas foi uma problemática que o Conselho Nacional orientou desde o início da regulamentação da LDBEN (9.394/96). Havia a preocupação de não colocar o ER como uma disciplina tratada diferencialmente, dificultando sua implantação.

A discussão foi retomada no Parecer 12/97 (CNE/CEB), aprovado em outubro desse mesmo ano, em que afirma:

> ER e carga horária mínima. Também se tem perguntado se o ER é computado para a totalização do mínimo de oitocentas horas e a resposta é não. Por um motivo fácil de ser explicado. Carga horária mínima é aquela a que todos os alunos estão obrigados. Desde o art. 210, § 1º, da Constituição Federal está definido: "O ER, de matrícula facultativa, constituirá disciplina dos horários normais das escolas públicas de ensino fundamental". O art. 33 da Lei 9.394/96, com a nova redação que lhe deu a Lei 9.475/97, de 22 de julho de 1997, como não poderia deixar de ser, embora regulamentando o dispositivo constitucional mencionado, o faz mantendo facultativa a matrícula. Ora, se o aluno pode optar por freqüentar, ou não, a referida disciplina, haverá quem optará por não fazê-lo. E quem assim decidir terá menos de oitocentas horas por ano, na hipótese de a escola se ater ao mínimo exigido por Lei, o que o art. 24, inc. I, não admite (CONSELHO NACIONAL DE EDUCAÇÃO. Aos CEEs e outros: Esclarece dúvidas sobre a Lei 9.394/96. Em complemento ao Parecer 05/97 [CEB]. Câmara de Educação Básica – Parecer 12/97, aprovado em 8 de outubro de 1997, Proc. 23001.000176/97-44).

Entretanto, diante dessa situação, a SEE e do Desporto de Santa Catarina, em 1998, solicitou esclarecimentos sobre o ER dentro das oitocentas horas, que assim foi respondido:

1.2 – no Estado de Santa Catarina, a opção da família, na escola pública, pelo ER, eleva-se a 75% (setenta e cinco por cento), o que justifica, na opinião do eminente Secretário consulente, manter o ER no cômputo das oitocentas horas, e no quadro curricular comum, isto é, aplicado a todos os alunos, oferecendo, entretanto, para aqueles alunos que não optam pelo ER, nos mesmos horários, outros conteúdos de formação geral, de modo que todos os alunos, sem exceção, alcancem o mínimo de horas-aula anuais, prescritas na LDBEN. Conclui, finalmente, pela possibilidade de manter no Estado de Santa Catarina o currículo (grade curricular e respectivos conteúdos curriculares) praticado até o momento (CONSELHO NACIONAL DE EDUCAÇÃO. Consulta a carga horária do ER no ensino fundamental – CEB, Parecer 016, de 1º de junho de 1998).

Formação de professores

A formação inicial de professores, a graduação, tem sido prioridade nos seminários e congressos promovidos pelo Fonaper. É uma problemática a ser amplamente discutida não só em relação às novas exigências legais, como também no que respeita ao lugar que deve ocupar no conjunto do currículo de formação de professores. Nesse sentido, em março de 1999, a Universidade Luterana do Brasil, de Canoas (RS), solicitou que seu curso de Diaconia Social fosse reconhecido como licenciatura para o ER, mas a resposta foi negativa:

Em vista do exposto, voto contra o pleito de reconhecimento dos cursos livres de licenciatura em Teologia e de bacharelado em Diaconia Social, ministrados pela Universidade Luterana do Brasil, com sede em Canoas – RS, da Comunidade Evangélica Luterana São Paulo. Caso a instituição venha a criar curso de bacharelado em Teologia, poderá solicitar reconhecimento nos termos do Parecer 241/99 (CES/CNE). O curso de bacharelado em Diaconia Social pode continuar a ser oferecido como curso livre, tendo os alunos direito a um certificado que ateste os estudos realizados. Por oportuno, voto também por esclarecer às instituições interessadas que o Decreto-Lei 1.051/69, que permitia, na hipótese de existência de vagas, forma de ingresso privilegiada em cursos de licenciatura para os que houvessem concluído estudos em Seminários Maiores, Faculdades Teológicas ou instituições equivalentes, dispensando-os do antigo exame vestibular e permitindo-lhes prestar apenas exames preliminares, foi revogado pelo art. 92 da Lei 9.394/96, a qual também determina, em seu arts. 43, 49 e 50, que todo ingresso em cursos superiores de graduação, exceto no caso das transferências *ex officio*, seja feito mediante processo seletivo prévio (CONSELHO NACIONAL DE EDUCAÇÃO. Reconhecimento do curso de licenciatura em Teologia e do curso de bacharelado em Diaconia Social, ministrados pela Universidade Luterana do Brasil, em Canoas – RS. – Parecer 296, de 11 de março de 1999).

Em abril do mesmo ano, a então conselheira Eunice R. Durham apresentou um Parecer (CP 97, de 6 de abril de 1999) sobre formação de professores para o ER nas escolas públicas de ensino fundamental. Nesse Parecer a conselheira reforça o papel dos Sistemas Estaduais de Ensino em definirem a formação dos docentes para o ER, insistindo que qualquer professor das diferentes áreas do conhecimento, licenciado, pode assumir essa disciplina.

Finalmente, em novembro de 1999, a Associação Aliança de Assistência ao Estudante (PR) solicitou, através de projeto, autorização para funcionamento de curso de licenciatura em ER, sendo que por meio do Parecer da CES do CNE 1.105, de 23 de novembro de 1999, esta solicitação não foi aprovada.

A política de não autorizar o reconhecimento nacional da licenciatura em ER foi mantida, confirmando o papel dos Estados e Municípios, o que, ao mesmo tempo, dificulta a profissionalização dos professores dessa área de conhecimento.

O ER, tal como foi posto na nova redação do art. 33, corresponde ao que prevê os princípios da educação nacional indicados na LDBEN, art. 3º.

Diante desses princípios, o ER procura corresponder aos pressupostos do ensino fundamental:

Art. 33. O ensino fundamental, com duração mínima de oito anos, obrigatório e gratuito na escola pública, terá por objetivo a formação básica do cidadão, mediante:

II – a compreensão do ambiente natural e social, do sistema político, da tecnologia, das artes e dos valores em que se fundamenta a sociedade;

III – o desenvolvimento da capacidade de aprendizagem, tendo em vista a aquisição de conhecimentos e habilidades e a formação de atitudes e valores;

IV – o fortalecimento dos vínculos de família, dos laços de solidariedade humana e de tolerância recíproca em que se assenta a vida social.
(MINISTÉRIO DA EDUCAÇÃO E DESPORTO. *Lei de Diretrizes e Bases da Educação Nacional – Lei 9.394/96*. Rio de Janeiro: Qualitymark, 1997.)

Em conseqüência dessas orientações, o ER foi ao mesmo tempo estadualizado e municipalizado. Disso se pode depreender que há possibilidade de queda numa espécie de jogo de empurra quanto à responsabilidade para com a formação docente. As diferentes esferas de governo dificilmente tenderão a tomar para si a responsabilidade com esse tipo de formação.

QUESTÕES

1) Quais os elementos que poderemos considerar semelhantes entre os textos das Leis de Base da Educação Nacional?
2) Como caracterizar a compreensão de formação de professores do ER a partir dos textos que orientam a educação nacional: Leis de Educação Nacional, Pareceres, Resoluções?
3) Quais os limites do ER em decorrência da legislação nacional?
4) Como você interpreta a nova compreensão de ER a partir da nova redação do art. 33 da LDBEN 9.394/96?

BIBLIOGRAFIA SUGERIDA

JUNQUEIRA, Sérgio Rogério Azevedo. *O processo de escolarização do Ensino Religioso no Brasil*. Petrópolis: Vozes, 2002.

CARON, Lurdes. *O Ensino Religioso na nova LDBEN*. Petrópolis: Vozes, 1998.

Segunda parte

O ENSINO RELIGIOSO E AS NORMATIZAÇÕES ESTADUAIS

O ENSINO RELIGIOSO NO CONTEXTO DAS REGIÕES NORTE, NORDESTE E CENTRO-OESTE DO BRASIL

OBJETIVOS

- Compreender as diferentes leituras do art. 33 da LDBEN (9.394/96), nos Sistemas Estaduais de Ensino das regiões Norte, Nordeste e Centro-Oeste
- Sistematizar as características do ER nos Estados brasileiros das regiões Norte, Nordeste e Centro-Oeste.

SUBSÍDIOS PARA APROFUNDAMENTO

Neste capítulo apresentamos as legislações referentes ao ER dos Estados das regiões Norte, Nordeste e Centro-Oeste. No capítulo seguinte, as dos Estados das regiões Sudeste e Sul do Brasil.

A região Norte do Brasil é composta pelos Estados do Acre, Amapá, Amazonas, Pará, Rondônia, Roraima e Tocantins; na região Nordeste temos os Estados de Alagoas, Bahia, Ceará,

Maranhão, Paraíba, Pernambuco, Piauí, Rio Grande do Norte e Sergipe; e na região Centro-Oeste os Estados de Goiás, Mato Grosso, Mato Grosso do Sul e o Distrito Federal.

No capítulo anterior foram apresentados alguns artigos ou parágrafos dos textos legais vigentes em âmbito nacional, que podem ser assim resumidos:

Congresso Nacional
1988   Constituição (art. 210, § 1º)
1996/1997   LDBEN 9.394 (art. 33)

Conselho Nacional de Educação
1997   Parecer 05
1997   Parecer 12
1998   Resolução 02
1998   Parecer 016
1999   Parecer 97
1999   Parecer 296
1999   Parecer 1.105

O entendimento das orientações oriundas desses documentos é fundamental para que possamos apreender o posicionamento de cada um dos Estados da Federação em relação ao ER.

Apresentamos as legislações estaduais sobre o ER encontradas ao longo dessa pesquisa, sintetizadas na seqüência por região (Norte, Nordeste, Centro-Oeste, Sudeste e Sul), cuja finalidade é proporcionar uma visão geral e apreciativa sobre cada região.

Para realizar o levantamento de dados das legislações desses Estados, solicitamos informações, especialmente através dos CEEs e das SEEs. De alguns Estados não obtivemos nenhuma legislação sobre a disciplina de ER. Os documentos que a seguir apresentamos são os que nos foram enviados.

Região Norte

Amapá

A região Norte não possui variantes de legislações sobre o assunto. O Amapá, por meio da Resolução 14/06, em consonância com a Constituição Federal de 1988 e a LDBEN 9.394/96, regulamenta:

> O ER, de matrícula facultativa, é parte integrante da formação básica do cidadão; constitui disciplina dos horários normais nas escolas públicas do ensino fundamental, assegurado o respeito à diversidade cultural religiosa do Brasil, vedada qualquer forma de proselitismo de abordagem de caráter confessional (CEE/AP, Resolução 14/06, art. 1º).

Na esteira desse entendimento, essa Resolução, do ponto de vista do ensino propriamente dito, aponta no art. 2º para três aspectos. Primeiro, a compreensão do fenômeno religioso e do sagrado está presente nas diversas culturas e sua sistematização é feita pelas tradições religiosas. Segundo, a indicação dos conteúdos contemplará aspectos da religiosidade brasileira e regional. Por último, a abordagem de conteúdos será feita a partir da Fenomenologia da Religião, da Antropologia Cultural e Filosófica, bem como da formação ética. Podemos ainda encontrar, na mesma Resolução, que o ER será ministrado:

> a) de 1ª à 4ª série do ensino fundamental: pelos professores com habilitação mínima para o magistério em nível médio, regentes de turmas de forma integrante e integradora;
> b) de 5ª à 8ª série: por professor licenciado pleno ou especialista em ER/Ciências da Religião/Educação Religiosa (art. 4º).

Há que se destacar também que o CEE do Amapá define que compete à SEE planejar, executar, acompanhar e avaliar o processo de capacitação e habilitação do professor de ER em nível de ensino médio, através de curso de aperfeiçoamento e formação em nível superior.

Essa Resolução, no § 2 do art. 4º, esclarece que a SEE promoverá capacitação aos professores portadores de diplomas de curso normal, de 1ª à 4ª série do ensino fundamental, como condição para ministrar o ER no sistema estadual de ensino. E, no § 3, o prazo para a habilitação dos professores que atuam no ER sem a formação adequada será no máximo de seis anos. Essa medida é uma forma de valorização da docência no ER.

Amazonas

No Amazonas há um aspecto que chama a atenção no conjunto das Legislações sobre o ER. Trata-se do perfil formativo do profissional e do reconhecimento de curso destinado à preparação de professores. Assim, em correspondência à alteração feita ao art. 33 da LDBEN, por meio da Lei 9.475/97, o CEE deste Estado aprova, por meio do Parecer 037/01, a proposta de regulamentação para o ingresso do professor e para o exercício de magistério no ER, apresentada pelo Coner do Amazonas. Nessa perspectiva, podem ser professor de ER: diplomados em licenciatura em ER portadores de certificados do curso de Especialização em ER (*lato sensu*) com pelo menos 360 horas/aula; professores com diploma de licenciatura na área de Ciências Humanas que tenham cursado no mínimo 120 horas na área temática de ER (não confundir com Teologia e nem com Ciências da Religião, pois são cursos de natureza diferente).

Ainda em relação ao Amazonas, destacamos os critérios para tornar-se profissional, segundo o Parecer 037/01, do CEE/AM: demonstrar capacidade de atender à pluralidade cultural e religiosa brasileira, sem proselitismo; comprometer-se com os princípios básicos da convivência social e cidadania, vivenciando a ética própria aos profissionais da educação; apresentar domínio dos parâmetros curriculares do ER.

Esse Parecer deixa para a SEE e para as SMEs a normatização dos conteúdos a serem ministrados em ER, bem como as normas sobre o ingresso e a habilitação dos professores, que devem seguir os critérios anteriormente mencionados.

Em 2002, a Prefeitura de Manaus, por meio da Resolução 07/02 (CME), regulamentou a admissão de docentes para o ER, por concurso público ou não. Priorizou-se a formação em licenciatura em ER e em História, Filosofia e Ciências Sociais. Chama a atenção nesse processo o caráter itinerante atribuído ao trabalho do professor, o qual deverá atender a mais de uma escola (cf. art. 2º, § 3º).

Pará

A Constituição do Pará, aprovada no dia 5 de outubro de 1989, em seu art. 277, § 1º, afirma que

> o ER, de matrícula facultativa, constituirá disciplina dos horários normais das escolas públicas, podendo versar sobre quaisquer religiões, inclusive afro-brasileiras, estrangeiras ou indígenas.

Definiu também que

> para o desempenho da atividade docente, o professor de ER deverá ter habilitação por curso específico, ministrado em instituição de ensino superior ou entidade religiosa competente, de acordo com a legislação da educação nacional. Além de preencher os requisitos legais, o candidato a professor de religião deverá ser apresentado pela autoridade religiosa de seu credo e, entre o número de alunos que declarem professá-lo, sendo a opção religiosa dos menores de dezesseis anos firmada pelos respectivos responsáveis (Constituição Estadual, art. 314, § 1º).

O texto constitucional estadual define da seguinte maneira a contratação de professores:

> O concurso público para professor de religião será específico para cada credo que tenha alcançado o quociente religioso, o qual é obtido dividindo-se o efetivo geral da instituição pelo número de cargos fixados em Lei. Se uma determinada denominação religiosa contar, no mínimo, um décimo de adeptos do alunado da escola, isolada ou

cumulativamente com denominações afins na sua doutrina, terá direito a um professor da respectiva religião, observadas as demais disposições deste artigo (Constituição Estadual, art. 314, §§ 2º e 3º).

Atualmente tramita no CEE uma proposta que orienta o ER a partir dos seguintes pressupostos: concepção interdisciplinar do conhecimento; contextualização do conhecimento; convivência solidária, respeitando as diferenças e o compromisso moral e ético; reconhecimento do fenômeno religioso como um dado da cultura e da identidade de um grupo social, no sentido de promover a tolerância e o convívio respeitosos com o diferente; e enfoque do ER como área do conhecimento em articulação com os demais aspectos da cidadania. Sobre os professores, a proposta defende que sejam formados em cursos de licenciatura em Ciências da Religião com habilitação em ER, ou em Ciências Humanas, preferencialmente em Filosofia, História, Ciências Sociais e Pedagogia, com especialização, mestrado ou doutorado em Ciências da Religião ou Educação Religiosa Escolar (cf. CEE. *Proposta sobre Ensino Religioso*. Belém, 2007).

Rondônia

Rondônia, com a Resolução 108/03, estabelece normas para a habilitação e a admissão de docentes da Educação Religiosa. O ER será oferecido como componente curricular sob a denominação de Educação Religiosa (cf. CEE/RO, Resolução 108/03, art. 1º). Em consonância com o disposto na Lei 9.475/97, tem como eixos organizadores:

a) *Cultura e tradições religiosas*: tratando da Filosofia, da História, da Sociologia e da Psicologia, e suas relações com as tradições religiosas;
b) *Teologias*: enfocando as divindades, as verdades, a fé e a vida para além da morte;
c) *Textos sagrados*: envolvendo a revelação, a história das narrativas sagradas, o contexto cultural e a exegese;
d) *Ritos*: estudando os rituais, os símbolos e as espiritualidades;
e) *Etos*: abordando a alteridade, os valores e os limites.

A idéia de eixos em torno dos quais devem ser organizados os conteúdos de Educação Religiosa indica uma perspectiva salutar de orientação para essa disciplina.

Note-se que essa Resolução distingue condutas a serem adotadas no sistema público e no sistema particular de ensino (cf. art. 1º, § 2º, inc. II). As escolas da rede privada de ensino definirão, em sua proposta pedagógica, com a participação da comunidade escolar,

> I – a forma de matrícula a ser adotada: direcionamento confessional ou interconfessional ao currículo do componente curricular Educação Religiosa (CEE/RO, Resolução 108/03).

Quanto à disposição sobre o caráter não-confessional do ER, a Resolução aborda o ER de modo contrário ao estabelecido na Lei da Educação 9.475/97. O tratamento metodológico também é diferente para o sistema de ensino público e para o privado. Para o sistema privado o ER é ministrado como disciplina, prática educativa ou atividades integradas a outros componentes curriculares, quando ministrado nas séries finais do ensino fundamental e médio. Ou seja, pode ser admitido ou não como disciplina. Já para o sistema público, o caráter é de disciplina. Do ponto de vista da formação docente para o ER, a Resolução 108/03 do CEE/RO, no art. 5º, determina basicamente que seja feita nos seguintes termos:

> I – Em curso de graduação em nível de licenciatura plena em Ciências da Religião, oferecido por instituição de educação superior devidamente credenciada para sua oferta, conforme legislação vigente;
> II – em curso de nível de pós-graduação específico, oferecido por instituição de educação superior devidamente credenciada para sua oferta;
> III – em curso de graduação em nível de licenciatura plena em áreas específicas do currículo escolar ou em Pedagogia.

Exceções são abertas para a atuação de 1ª à 4ª série para professores que tenham formação em curso normal de nível médio, e para 5ª à 8ª série para portadores de diploma de licenciatura curta. Em ambos os casos com a formação obtida em curso de capacitação cuja duração não seja inferior a cento e vinte horas.

Essa legislação demonstra que o CEE/RO teve preocupação com a formação docente para a Educação Religiosa. Os cursos de capacitação em ER, com duração de carga horária não inferior a cento e vinte horas, deverão ser oferecidos por instituição de educação superior, com as quais os mantenedores desse tipo de educação deverão buscar parceria (cf. art. 7º, § 1º). Nessa perspectiva de composição dos currículos devem ainda prever:

I – Conhecimentos que desenvolvam a sensibilidade social em face da alteridade;
II – saberes de base histórica, sociológica, filosófica e política, que permitam ver as religiões e seu ensino menos pelo prisma dogmático e confessional e mais pela dimensão humana e social (art. 7º, § 2º).

Chamamos a atenção para o fato de que as exigências constantes nesses dois incisos devem articular-se aos eixos já abordados anteriormente, na estreita relação entre teoria e prática.

Região Nordeste

Alagoas

Em Alagoas, o ER pós-LDBEN (9.394) foi regulamentado no ano de 2002, por meio da Resolução 003, do CEE/AL, que se apóia substancialmente no Parecer 006/02, desse mesmo Conselho. Este é extenso e destaca primeiramente os princípios de liberdade, igualdade, justiça e respeito mútuo como base para a cidadania. É retomado o artigo 210 da Constituição Federal de 1988 no que tange ao caráter facultativo da matrícula e ao tratamento do ER como disciplina e sua inclusão nos horários normais das escolas públicas de ensino fundamental. O art. 33 da LDBEN é assegurado e o ER é garantido como disciplina para a formação do cidadão, respeitando a diversidade cultural religiosa do Brasil e proibindo o proselitismo religioso, ambos princípios orientadores para a definição de conteúdos. As escolas deverão, em consonância com seus Projetos Pedagógicos, desenvolver o ER visando à promoção do conhecimento sobre os seguintes aspectos:

1 – O fenômeno religioso no contexto da formação social do Brasil.

2 – As múltiplas influências que compõem a pluralidade cultural e religiosa brasileira:

2.1. A cosmovisão das sociedades nativas do atual território brasileiro: o fenômeno religioso nessas sociedades.

2.2. A cosmovisão das sociedades africanas, particularmente dos povos que foram trazidos ao território brasileiro durante o período escravista: o fenômeno religioso nessa sociedade.

2.3. A cosmovisão das sociedades européias e particularmente dos povos que ocuparam/migraram para o território brasileiro: o fenômeno religioso nessas sociedades.

2.4. A cosmovisão das sociedades orientais, destacando os povos que migraram para o território brasileiro: o fenômeno religioso nessas sociedades.

3 – Os valores éticos e morais presentes nas diversas religiões.

4 – Religião e identidade.

5 – A relação entre as cosmovisões religiosas e científicas na contemporaneidade.

6 – A liberdade religiosa e a tolerância como princípios e valores que fundamentam o Estado democrático.

(CEE/AL, Parecer 006/02.)

O Parecer destaca que o ER deve integrar seus conhecimentos específicos com aspectos da vida cidadã. São eles: saúde, sexualidade, vida familiar e social, meio ambiente, trabalho, ciência e tecnologia, cultura, linguagem, entre outros, sob os enfoques antropológico, histórico e filosófico.

Com relação à formação docente, a Resolução 003/02, do CEE/AL, responsabiliza as SEEs e as SMEs pela promoção da capacitação, segundo as orientações do Parecer 006/02. Mas a habilitação para o exercício do magistério para os quatro primeiros anos do ensino fundamental está definida assim:

a) Os portadores de diploma de magistério de nível médio, modalidade normal;
b) os licenciados em Pedagogia, com habilitação para o magistério de 1º ao 4º ano do ensino fundamental;
c) os portadores de diploma de curso normal superior; os docentes licenciados portadores de curso de especialização *lato sensu* em ER, ou pós-graduação *stricto sensu* na área.
(CEE/AL, Resolução 003/02, art. 8º.)

Estão ainda habilitados para atuar em quaisquer das séries do ensino fundamental:

a) Os portadores de diploma de licenciatura plena em História, Filosofia, Ciências Sociais, Psicologia;
b) os portadores de diplomas em cursos de licenciatura plena para formação de professores para o ER;

c) os docentes licenciados portadores de curso de especialização *lato sensu* em ER ou pós-graduação *stricto sensu* na área.
(CEE/AL, Resolução 003/02, art. 9º.)

Importa dizer que essa Resolução abre precedente para portadores de diplomas de bacharelado em História, Filosofia, Ciências Sociais, Psicologia e Teologia, desde que cursem preparação pedagógica em instituição devidamente credenciada, nos termos da Resolução 02/98, do plenário do CNE (cf. art. 9º, § 1º).

Seguindo semelhante linha de Rondônia, Alagoas também legisla sobre a conduta a ser adotada pelas escolas privadas, de natureza confessional. Define que elas devem atentar para os princípios de respeito às liberdades individuais tanto em relação àqueles que professam crenças diferentes da seguida pela instituição, como em relação àqueles que não professam nenhuma crença (cf. CEE/AL, Resolução 003/02, art. 6º, parágrafo único).

Bahia

A Bahia apresenta duas peculiaridades em termos de legislação sobre o ER. A primeira delas é expressa na Lei Estadual 7.945, de 13 de novembro de 2001. O que chama a atenção nessa Lei é justamente a instituição do ER[1] de caráter confessional pluralista:

---
[1] Essa Lei, como as demais até aqui analisadas, entende o ER como parte integrante da formação do cidadão (cf. art. 1º).

A disciplina instituída por esta Lei é de matrícula facultativa, sendo disponível na forma confessional pluralista, assegurado o respeito à diversidade cultural e religiosa, vedadas quaisquer formas de proselitismo (Lei 7.945/01, art. 1º, § 1º).

Ainda que haja a proibição da manifestação proselitista, o caráter confessional pluralista termina por forçar esse tipo de abordagem, até porque a idéia de cultura religiosa implica a compreensão de conceitos que possibilitam uma abordagem mais ampla do fenômeno religioso. A Lei também afirma que

para ministrar o Ensino religioso o professor deverá ter formação específica, comprovada por certificado fornecido pela respectiva Igreja ou por ela mantida ou credenciada (Lei 7.945/01, art. 2º).

A segunda peculiaridade pode ser encontrada na Resolução 02/04 do CME de Barreiras, que regula a inserção dessa disciplina na matriz curricular da educação infantil e do ensino fundamental. Destaca, em parágrafo único do art. 2º, o respeito à diversidade cultural religiosa e a proibição a qualquer tipo de proselitismo, conforme o art. 33 da Lei 9.475/97. Diferentemente da Lei Estadual, desvincula a atuação do professor de ER das Igrejas:

A disciplina do ER será ministrada por professores com habilitação ao exercício do magistério e preferencialmente por portadores de certificação em: licenciatura ou bacharelado em ER, em Ciências da Religião, curso de especialização ou pós-graduação na área e/ou curso de capacitação docente em ER na modalidade presencial ou a distância (Resolução 02/04, art. 4º).

Dessa apreciação é possível depreender que em termos de legislação há controvérsias no universo de um mesmo Estado da Federação. É provável que no primeiro caso tenha havido interferência de Igrejas na definição de algumas orientações, como na certificação de professores, admitindo tanto licenciados quanto bacharéis para atuarem nesse ensino, quando no magistério público admitem-se apenas licenciados.

Ceará

A Resolução 404, de 14 de setembro de 2005, do CEE do Ceará, dispõe sobre o ER a ser ministrado nas escolas públicas de ensino fundamental. Para tanto estão subjacentes nas entrelinhas dessa Resolução os princípios da descentralização e da autonomia para que as escolas o incluam em seu projeto pedagógico, bem como seus conteúdos, que devem levar em consideração as Diretrizes Curriculares Nacionais e os parâmetros curriculares estabelecidos sob a coordenação da SEE. Tais conteúdos devem ser fixados tendo em conta os objetivos estabelecidos no art. 3º:

> I – Subsidiar o aluno na compreensão do fenômeno religioso, presente nas diversas culturas e sistematizado por todas as tradições religiosas;
> II – articular o conhecimento religioso com os demais conhecimentos que integram a formação do cidadão;

III – induzir o respeito à diversidade;
IV – promover a prática de atitudes respeitosas em relação ao outro e à natureza;
V – incentivar a solidariedade na convivência social;
VI – despertar nos alunos o interesse pelos valores humanos;
VII – orientar para uma formação harmonizadora dos aspectos somáticos, emocionais e espirituais do educando.

Dois aspectos chamam a atenção nessa Resolução. Um referente à idéia de que estarão habilitados para o ER, em quaisquer das séries do ensino fundamental, os portadores de licenciatura plena em Ciências da Religião com habilitação em ER, obtida em curso regularmente reconhecido. Na falta de docente com essa habilitação, o ensino será ministrado, supletivamente,

I – nas séries iniciais do ensino fundamental, por professor que comprove as duas exigências abaixo:
a) a formação religiosa obtida em curso oferecido por instituição religiosa, que observe os aspectos formais das diretrizes curriculares, estabelecidas na Resolução 351/98, CEE/CE, justificada pelo Parecer 0997/98, que aprovou os parâmetros curriculares propostos pelo Conselho de Orientação do ER do Ceará (Conoere), e pelas Diretrizes do CNE para os cursos regulares de graduação plena, excluídos os aspectos relativos a conteúdos curriculares contidos nos documentos citados;
b) a conclusão do curso normal ou normal superior reconhecido, ou um curso reconhecido de Pedagogia ou qualquer outro, reconhecido,

de formação de professores, que, igualmente, habilite para o magistério das séries iniciais do ensino fundamental;
II – nas séries finais do ensino fundamental, por docente que apresente a formação obtida em curso de graduação reconhecido e seja habilitado por Programa Especial de Formação Pedagógica, voltada para o ER, regulamentado pela Resolução 02/98 do CNE/CEB ou por legislação sucedânea sobre a espécie, oferecido por instituição de ensino credenciada.
(CEE/CE, Resolução 404/05, art. 5º, inc. I, alíneas *a* e *b*, e inc. II.)

Por fim, orienta as instituições privadas não-confessionais, que desejarem ofertar o ER, a incluí-lo no Projeto Pedagógico da escola. E as de natureza confessional, independentemente da denominação religiosa que professem, deverão pautar-se por essa Resolução.

Maranhão

O governo do Maranhão sancionou duas leis referentes ao ER. A Lei 7.715, de 21 de dezembro de 2001, que trata de orientações a respeito dos requisitos de formação de professores para ministrar o ER, e a Lei 8.197, de 6 de dezembro de 2004, que também tem essa preocupação, além de apresentar procedimentos que atendam à definição de seus conteúdos. O art. 1º da Lei 7.715 reconhece o que está posto na Lei Federal (LDBEN 9.475/97) no sentido de que o ER constitui disciplina dos horários normais das escolas públicas de ensino fundamental. Assegura o respeito à diversidade cultural religiosa do Brasil, ao mesmo tempo em que veda o exercício de proselitismo religioso.

Essa é uma questão cuja preocupação não deixou de fazer parte das leis até agora analisadas, principalmente por tratar-se de princípios e matrizes já provindos de lei maior, no caso a Lei Federal antes indicada. Desse modo, para atuar no ER temos o seguinte:

I – Titulados em nível médio e/ou superior que tenham realizado curso de extensão de 120 (cento e vinte) horas na área do ER, para atuar na docência da educação infantil e/ou nos 4 (quatro) anos iniciais do ensino fundamental;
II – os licenciados em Ciências da Religião, habilitação em licenciatura plena em ER, com duração de 4 (quatro) anos, para atuar nos 4 (quatro) anos finais do ensino fundamental;
III – os licenciados em qualquer área do currículo que tenham realizado curso de pós-graduação em ER, com duração no mínimo de 360 (trezentas e sessenta) horas, para atuar nos 4 (quatro) anos finais do ensino fundamental.

Observa-se que os incisos II e III contêm exigências de formação docente amplas no que se refere à formação básica do professor. Por isso, não é a formação de origem, mas a complementar, representada por curso de extensão com carga horária de cento e vinte horas, que definirá as possibilidades de desempenho docente nessa disciplina.

O art. 6º dessa Lei diz que os cursos destinados a habilitar o professor para ministrar o ER

poderão ser oferecidos pelas denominações religiosas ou por estabelecimentos de ensino, independentemente de autorização, desde que credenciados pelo CEE e em acordo com os parâmetros curriculares da LDBEN.

Por fim, a Lei 7.715, arts. 7º e 8º, trata dos conteúdos de ER. Nas entrelinhas, deixa a responsabilidade pelos conteúdos para o CEE, ouvida entidade civil constituída pelas diferentes denominações religiosas. Essa é, aliás, uma definição sobre a qual incorrerá também a Lei 8.197/04, art. 8º. A modificação que essa Lei imprime é no sentido de ampliar a exigência de formação de professores para atuarem na educação infantil e nas séries iniciais e finais do ensino fundamental. A mudança é feita somente em relação ao ensino fundamental:

Art. 3º
Habilitam-se para lecionar o ER, nas escolas públicas, nas quatro séries iniciais do ensino fundamental, os professores que apresentarem:
a) diploma de nível médio na modalidade normal;
b) diploma de curso normal superior ou de curso de licenciatura para o magistério das séries iniciais do ensino fundamental.
Para atuar na docência do ER nas quatro séries finais do ensino fundamental, estão habilitados os professores portadores de:
a) diploma de curso de licenciatura em Ciências da Religião;
b) diploma de curso de licenciatura em qualquer área do currículo, que tenha realizado, pelo menos, curso de extensão de educação superior, em ER.

Trata-se de diplomas expedidos por instituições que ofereçam cursos devidamente credenciados e reconhecidos pelo sistema de ensino competente, em contraposição, portanto, à Lei anterior, que aceitava diplomas oriundos de cursos credenciados, independentemente de reconhecimento.

Paraíba

O CEE da Paraíba aprovou a Resolução 197/04, que regulamenta a oferta do ER nas escolas públicas do ensino fundamental no Estado. Contudo, o Executivo não homologou a inserção do ER no projeto político-pedagógico das escolas sob a forma de componente curricular na organização do ensino.

O parágrafo único dessa Resolução define que o ER deverá constar do projeto político- pedagógico das escolas, sob a forma de componente de sua organização curricular, distinto da catequese. E isso para manter o respeito e a tolerância à diversidade cultural-religiosa do Brasil, vedando toda forma de proselitismo e não admitindo nas escolas públicas nenhum tipo de preconceito ou manifestação em desacordo com o direito individual dos alunos e de suas famílias de professarem um credo religioso.

Os princípios para essa disciplina são:

a) Concepção interdisciplinar do conhecimento na estruturação curricular e na avaliação;
b) contextualização do conhecimento, que leve em consideração a relação essencial entre informação e realidade;
c) aprendizado da dignidade humana, própria e do outro;
d) convivência solidária, mediante diálogo ecumênico e inter-religioso, respeitando as diferenças e mantendo compromisso moral e ético;

e) reconhecimento de que o fenômeno religioso é um dado da cultura e da identidade de grupos sociais, cujo conhecimento deve promover o sentido da tolerância e do convívio respeitoso com o diferente;
f) enfoque como área do conhecimento em articulação com os demais aspectos da cidadania, portanto, em integração com os diferentes componentes curriculares.
(CEE/PB, Resolução 197/04.)

A disciplina seria ofertada nos horários normais das aulas do estabelecimento de ensino, acrescido ao mínimo de oitocentas horas anuais previstas na LDBEN 9.394/96. Em relação aos conteúdos do ER, quando ofertados nos anos iniciais (de 1ª à 4ª série), serão trabalhados pelo próprio professor da turma, sob a forma de temas transversais. Para os anos finais do ensino fundamental (de 5ª à 8ª série), os conteúdos de ER serão fixados pela escola, de acordo com seu projeto político-pedagógico, observadas as Diretrizes Curriculares Nacionais para o Ensino Fundamental, os Parâmetros Curriculares Nacionais do ER e outros parâmetros curriculares específicos estabelecidos pelas SMEs. Os professores habilitados para essa disciplina para os anos iniciais são os graduados nos cursos normal superior e Pedagogia, com habilitação para o magistério dos anos iniciais; ou ainda o curso de nível médio, modalidade normal. Para os anos finais são os habilitados em licenciatura plena em Ciências da Religião ou ER, História, Filosofia, Ciências Sociais, Pedagogia e Psicologia.

Pernambuco

A Constituição de Pernambuco (5 de outubro de 1989), nas Disposições Constitucionais Finais (Título VIII), em seu art.

250, afirma que o ER será ministrado de acordo com a confissão religiosa do aluno, por ele manifestada, se for capaz, ou por seu representante legal ou responsável. Sendo que a designação de professores de ER, de qualquer crença, fica condicionada à obtenção prévia de credenciamento fornecido pela autoridade religiosa respectiva, sendo seu provimento efetuado em comissão. Essa orientação foi definida antes da reforma do art. 33 da LDBEN, promulgada oito anos depois da Constituição Estadual.

Piauí

O Piauí regulamentou o ER através da Resolução 348/05 (CEE/PI), destacando a habilitação de professores e os procedimentos para a definição dos conteúdos nas escolas públicas do sistema estadual de ensino.

Diferentemente de outros Estados, a oferta do componente curricular se estende até o ensino médio. Os conteúdos são definidos pelas escolas, observados os procedimentos e parâmetros estabelecidos pela Superintendência de Ensino da Secretaria de Educação. Essa secretaria ouvirá o Coner do Piauí nos termos do art. 2º da Lei Estadual 5.356/03. No desenvolvimento dos conteúdos são considerados os seguintes objetivos:

I – Auxiliar o aluno na compreensão do fenômeno religioso, presente nas diversas culturas e sistematizado por todas as tradições religiosas;

II – articular o conhecimento religioso com os demais conhecimentos que integram a formação do cidadão;

III – estimular o respeito à diversidade;
IV – incentivar a prática de atitudes respeitosas em relação ao outro, à natureza e ao Absoluto (Transcendente);
V – incentivar a fraternidade e a solidariedade na convivência social;
VI – Despertar o interesse pela descoberta e vivência dos valores humanos.

Nessa Resolução há procedimentos didáticos para garantir a inserção do ER na proposta pedagógica da escola:

I – Nos anos iniciais do ensino fundamental, de forma integradora com os componentes da área Estudos Sociais;
II – nos demais anos deste nível de ensino, em pelo menos um desses anos, sob a forma de componente curricular específico;
III – no ensino médio, em pelo menos um dos anos letivos, sob forma de componente curricular específico.
(CEE/PI, Resolução 348/05, art. 6º.)

Para ministrar as aulas de ER estão plenamente habilitados

os portadores de cursos de preparação para ministrar o componente curricular ER oferecido em nível de especialização, por instituição aprovada para esse fim pelo CEE, ouvindo o Coner do Piauí (CEE/PI, Resolução 348/05, art. 7º).

Na ausência desses professores, consideram-se habilitados, para os primeiros anos do ensino fundamental, os titulados em nível médio ou superior, e, para os últimos quatro anos do ensino fundamental e ensino médio, os professores licenciados em qualquer área de conhecimento, comprovando participação de curso para ministrar o componente curricular ER. A admissão do profissional para atuar no ER processa-se dentro das mesmas normas que regem o ingresso público dos demais componentes curriculares.

Observa-se nessa Resolução que a definição da oferta desse componente curricular em todas as séries/anos do ensino fundamental e médio é citada pelo menos em um desses anos, a critério da organização curricular da escola.

A oferta desse ensino pelas escolas privadas não confessionais é opção da proposta pedagógica da escola, a qual, ao escolher pela sua oferta, deverá orientar-se pelo disposto nessa Resolução.

Existe um movimento da comunidade escolar para alterar o texto dessa Resolução, a partir de discussões já encaminhadas.

Rio Grande do Norte

O CEE, no dia 8 de novembro de 2000, aprovou em seu Parecer Normativo 050/00 a regulamentação sobre o ER. Para tal, considerou a publicação da revisão do art. 33 da LDBEN 9.394/96, assim como o art. 32 da citada Lei, especialmente os incs. II, III e IV, a saber:

> A compreensão de valores em que se fundamenta a sociedade, a formação de valores e atitudes e o fortalecimento dos vínculos de

família, dos laços de solidariedade humana e de tolerância em que se assenta a vida social.

É importante ressaltar também o que dispõe esse mesmo estatuto legal em seu art. 3º, inc. IV, *in verbis*, a respeito da liberdade e do apreço à tolerância:

> Sendo este um dos princípios que deverão nortear o ensino. Recomenda-se, portanto, que na abordagem dos conteúdos de ER haja respeito à pluralidade cultural religiosa no Brasil, fruto das inúmeras etnias existentes em nosso País, não sendo, pois, permitido fazer proselitismo religioso (CEE/RN, Parecer 050/00).

Sobre os aspectos organizacionais do ER, o Conselho Estadual informou que a definição do número de aulas semanais fica a critério de cada estabelecimento de ensino, sendo explicitado no Regimento Escolar e em seu Projeto Pedagógico. Também foi recomendado que cada escola estabeleça as estratégias de atendimento aos alunos que optarem por não se matricular no ER, para que essas aulas possam ser computadas nas oitocentas letivas anuais. Esse atendimento deve ser sistemático e devidamente disciplinado no Regimento e no Projeto Pedagógico da escola.

Os eixos temáticos dessa disciplina para o Rio Grande do Norte são: ser pessoa humana; universo e ser humano; comunicação *versus* alteridade; ciclo da vida: nascer, crescer e morrer; sentido da vida; religião e contexto cultural; religiosidade: fé e relação com o divino.

A formação definida para os professores que deverão assumir as aulas desse componente curricular nos anos iniciais do ensino fundamental é a seguinte: curso normal, em nível médio e/ou normal superior, com estudos adicionais em Ciências da Religião ou Teologia. Sendo para os anos finais do ensino fundamental: curso de licenciatura plena, em qualquer área, desde que possua especialização em Ciências da Religião ou Teologia, com carga horária de quatrocentas e oitenta horas. Ou ainda curso de bacharelado em Ciências da Religião, complementado por curso de formação pedagógica com carga horária de duzentas e oitenta horas. É previsto também o curso de licenciatura em Ciências da Religião ou Teologia.

O Coner e a Comissão de ER da SEE foram reconhecidos como importantes interlocutores nesse processo.

Sergipe

O Sergipe, por meio da Resolução 019/03 (CEE/SE), dispõe sobre a oferta do ER e a habilitação e admissão de seus professores, nas escolas de ensino fundamental da rede pública. Traz quatro aspectos importantes sobre os quais faremos algumas apreciações.

O primeiro deles diz respeito ao modo de oferta dessa disciplina, através de módulos, seminários, conferências, o que se contrapõe ao tratamento de disciplina. Após identificar o ER nas demais legislações em termos de sua oferta obrigatória e matrícula facultativa, nos horários normais das escolas públicas de ensino fundamental, e reconhecê-lo como parte integrante da formação do cidadão, atentando para o respeito à diversidade cultural e religiosa e para a proibição de proselitismo, a Resolução afirma que ele poderá ser oferecido por meio de alternativas, módulos, seminários, conferências (cf. art. 1º).

Embora essa idéia de organização metodológica, como frisamos, implique alternativa para essa disciplina, poderá apresentar certa ambigüidade, pois confunde maneira de organização curricular (o módulo, por exemplo) com forma de apresentação e/ou abordagem de assuntos referentes a conteúdos (seminários e conferências).

O segundo aspecto consiste no que poderíamos considerar o ponto alto da Resolução: os pressupostos sobre os quais devem assentar-se e subordinar-se os conteúdos de ER. Trata-se

a) da concepção interdisciplinar do conhecimento, sendo a interdisciplinaridade um dos princípios de estruturação curricular e da avaliação;

b) da necessidade de contextualização do conhecimento, que leve em consideração a relação essencial entre informação e realidade;

c) da convivência solidária, do respeito às diferenças e do compromisso moral e ético;

d) do reconhecimento de que o fenômeno religioso é um dado da cultura e da identidade de um grupo social, cujo conhecimento deve promover o sentido da tolerância e do convívio respeitoso com o diferente;

e) de que o ER deve ser enfocado como área do conhecimento em articulação com os demais aspectos da cidadania.

(CEE/SE, Resolução 019/03, art. 2º.)

O terceiro aspecto se caracteriza pelo princípio de gestão democrático-participativa que deve nortear a inclusão do ER na proposta pedagógica da escola, levando em consideração a realidade da comunidade escolar.

O quarto aspecto consiste no acompanhamento e na avaliação do professor de ER, de competência da SEE, através de entidades autorizadas e credenciadas, podendo ser assessorada pelo Coner (Resolução 019/03, art. 6º, parágrafo único). Sobre esse acompanhamento, cabe indagar se o processo de trabalho pedagógico nas escolas pode ser efetuado por entidades externas.

Ainda de acordo com essa Resolução, é considerado apto para o exercício do magistério do ER o professor

I – graduado em curso normal superior;
II – portador de diploma de licenciatura plena em qualquer área do conhecimento;
III – portador de diploma de licenciatura plena em ER (art. 5º).

O inc. II deixa em aberto qual formação o docente necessita ter. Desse modo, a Resolução permite que qualquer profissional com curso superior lecione ER.

Região Centro-Oeste

Distrito Federal

Em 31 de dezembro de 1998, o então governador do Distrito Federal, Joaquim Roriz, em conformidade com o art. 100, inc. VII, da Lei Orgânica do Distrito Federal, combinado com o art. 3º da Lei 2.230, decreta, de acordo com o art. 33 da LDBEN (9.475/97), que

> os conteúdos de ER serão fixados pela Secretaria de Educação do Distrito Federal, com a colaboração dos professores que ministram a disciplina, ouvidas as entidades religiosas e credenciadas (art. 1º, parágrafo único).

Trata-se de um decreto genérico, cuja preocupação gira em torno da definição da instância a quem compete a determinação sobre os professores que atuarão no ER. Eles devem ser selecionados entre aqueles pertencentes ao quadro de pessoal da SEE. Os professores de que trata o *caput* do artigo deverão atuar voluntariamente, no ER (cf. art. 2º, parágrafo único).

Indica-se no art. 3º, sem explicitar o significado da sigla, que a SEE, por intermédio da Eape, será a responsável pela formação dos professores de ER. Esclarece também no § 1º desse artigo que os critérios de formação e credenciamento dos professores serão definidos em parceria com as entidades religiosas credenciadas.

Nota-se nesse art. 1º da Lei a subordinação do sistema de ensino a entidades externas, ferindo a autonomia deste quanto à definição do quadro docente para ministrar a disciplina do ER. Nesse universo, chama a atenção o fato de que poderão ministrar ER voluntários da comunidade, desde que apresentem condições para ministrá-lo e cumpram o currículo (cf. art. 3º, § 2º). Este último pode ser um precedente aberto pelo Decreto para que a formação de professores em ER deixe de ser vista com a atenção que lhe é devida em consonância com o disposto no art. 33 da Lei 9.475/97.

Goiás

O CEE de Goiás, por meio da Resolução 285, de 9 de dezembro de 2005, estabelece critérios para a oferta de ER nas escolas do sistema educativo de Goiás. Esse documento, em seu art. 1º, introduz algumas modificações em relação ao que é apresentado no art. 33 da Lei 9.475/97:

> O ER, de matrícula facultativa, parte integrante da formação básica do cidadão, constitui disciplina de oferta obrigatória, nos horários normais das escolas públicas de ensino fundamental e médio, inclusive de educação de jovens e adultos, assegurando respeito à diversidade cultural do Brasil e a todas as crenças individuais (Resolução 285, art. 1º).

Duas referências são importantes: a educação de jovens e adultos, e as crenças individuais. Os critérios indicados para a oferta do ER em Goiás dizem respeito à opção de matrícula pelo aluno:

> Art. 3º
> Se maior, o aluno que optar pela disciplina ER deve manifestar por escrito no início do ano letivo, perante a direção da unidade escolar; se menor, a manifestação deve ser formalizada por pais e responsáveis.
> § 1º A escola deve apresentar ao aluno, no ato da manifestação, a proposta pedagógica de ER para referenciar sua opção ou não.

§ 2º Os estabelecimentos de ensino devem oferecer aos alunos que não optarem pelo ER, no mesmo horário, outros conteúdos de formação.

Os critérios para organização dos conteúdos programáticos seguem áreas específicas, que constituem eixos orientadores:

I – Antropologia das Religiões: o fenômeno religioso é entendido como construção cultural da humanidade, manifestada por meio de crenças e religiões que interagem com o cotidiano por ela vivido e produzido.
II – Sociologia das Religiões: o fenômeno religioso é estudado do ponto de vista dos aportes e dos conflitos civilizatórios, criados por sociedades humanas, formados por experiências de diferentes crenças.
III – Filosofia das Religiões: o fenômeno religioso é tratado como manifestação ética da humanidade e como forma de compreensão do vivido, assim como da destinação humana, por meio das divindades, dos textos sagrados, das espiritualidades.
IV – Literatura sagrada e símbolos religiosos: refere-se aos livros sagrados das religiões monoteístas e também orais, culturais e simbólicas, dos cultos afro-brasileiros de matriz africana e dos indígenas brasileiros.
(Resolução 285/05, art. 5º.)

Os conteúdos organizados segundo os eixos referidos anteriormente seguem uma especificidade por grupo de séries, como disciplina e de modo transversal. Como disciplina, a partir do sexto ano do ensino fundamental de nove anos, sendo que nos anos iniciais do primeiro ao quinto ano sob o modo transversal. Se esse ensino tiver a duração de oito anos, a oferta do ER nas quatro primeiras séries será também de forma transversal. Como disciplina também nos três anos do ensino médio (cf. art. 6º, parágrafo único).

A habilitação profissional para o ER far-se-á em

> I – cursos de formação para o ER, fornecidos pela SEE, com carga horária mínima cumulativa de 360 (trezentas e sessenta) horas presenciais, de capacitação, a serem autorizadas pelo CEE;
> II – curso de graduação em nível de licenciatura em Ciências da Religião ou em ER;
> III – curso de pós-graduação *lato sensu* e *stricto sensu* em Ciências da Religião, em ER ou equivalente.
> (Resolução 285/05, art. 10.)

Os professores que se capacitam para ministrar o ER, com carga horária inferior a trezentas e sessenta horas, têm seus direitos assegurados para seguir ministrando essa disciplina, devendo completar a carga horária nas condições que lhes forem ofertadas (cf. art. 16). O professor poderá ter uma dessas formações ou mais. Além disso, deverá ser credenciado pela SEE e ser credenciado no Conselho Interconfessional de ER (cf. art. 10, parágrafo único).

Mato Grosso

O CEE de Mato Grosso, por meio da Resolução 006, de 18 de janeiro de 2000, dispõe sobre a oferta da disciplina ER nas escolas públicas desse Estado. Tal como no art. 33 da Lei 9.475/96, reitera sua contribuição, enquanto disciplina, na formação do cidadão, a matrícula facultativa, o respeito à diversidade cultural, bem como a proibição ao proselitismo religioso.

Entende o ER também como conhecimento que subsidia o aluno na compreensão do fenômeno religioso presente nas diversas e diferentes culturas. Seguindo o que está disposto no § 2º do art. 33 da Lei 9.475/97, a SEE deve elaborar princípios norteadores da Educação Religiosa, bem como definir conteúdos programáticos, integrantes e integradores da proposta pedagógica da escola, em articulação com entidade civil credenciada para esse fim (cf. art. 3º). No § 2º desse artigo, a Resolução compreende que a inclusão do ER na proposta pedagógica da escola deve ser feita sob o princípio de gestão democrática, por meio da participação, tendo em conta a realidade da escola.

A admissão será feita priorizando-se os professores

> com diploma de licenciatura plena em qualquer área de conhecimento; com preparação pedagógica nos termos da Resolução 02/98, do CNE, para portadores de diploma de ensino superior que pretendam ministrar ER em qualquer das séries do ensino fundamental; com diploma de habilitação para o magistério em nível médio, como condição mínima para a docência nas séries iniciais do ensino fundamental (art. 5º).

Observa-se que qualquer licenciado e diplomado em nível superior pode ministrar essa disciplina, não havendo na Resolução nenhuma observação quanto à possibilidade de capacitação para profissionais cuja formação não tenha se dado em áreas afins.

A participação de entidade civil devidamente credenciada, conforme a LDBEN (cf. 9.475/97), assevera que serão ouvidos representantes de diferentes denominações religiosas para definir conteúdos, e não que a elas compete planejar, executar, acompanhar e avaliar, por exemplo, o processo de capacitação de professores, conforme consta no art. 6º da referida Resolução.

Mato Grosso do Sul

A Deliberação 7.760, de 21 de dezembro de 2004, do CEE do Mato Grosso do Sul, dispõe sobre a oferta do ER nas escolas públicas do sistema de ensino desse Estado. Em seu art. 2º, em consonância com o art. 33 da LDBEN (cf. 9.475/96), entende o ER como parte integrante da formação do cidadão, assegurando o respeito à diversidade cultural e religiosa do Brasil e proibindo o proselitismo religioso. Como disciplina, sua carga horária deverá ser acrescida às oitocentas horas exigidas (cf. art. 3º, parágrafo único).

O ER deverá constar da proposta pedagógica da escola, observadas as normas do sistema de ensino desse Estado:

> O conteúdo será definido de forma a atender, no mínimo, aos temas que tratam de História das Religiões, Filosofia, Ética e Cidadania e, transversalmente, deverão ser incluídos, dentre outros: Saúde, Sexualidade e Meio Ambiente (CEE/MS, Deliberação 7.760/04, art. 6º).

A formação docente necessária é licenciatura plena, com formação específica. Não havendo profissionais com esse tipo de formação, serão admitidos os que tiverem formação em nível superior, de preferência em História, Filosofia, Pedagogia ou Sociologia. Nas séries iniciais do ensino fundamental, caso não haja professores nas condições anteriores, serão admitidos aqueles que tiverem formação em nível médio, no curso normal, por meio de formação continuada.

QUESTÕES

1) A partir das legislações aprovadas nos Estados brasileiros das regiões Norte, Nordeste e Centro-Oeste, qual o perfil do ER?
2) Existem aspectos divergentes entre estas regiões provocados pelos diferentes enfoques das legislações estaduais? Quais são eles?

BIBLIOGRAFIA SUGERIDA

Veja, no final desta obra, páginas 114-115, a indicação das legislações — Constituições Estaduais, Resoluções e Pareceres — referentes ao ER nos respectivos Estados das regiões Norte, Nordeste e Centro-Oeste.

II

O ENSINO RELIGIOSO NO CONTEXTO DAS REGIÕES SUDESTE E SUL DO BRASIL

OBJETIVOS

- Compreender as diferentes leituras do art. 33 da LDBEN (Lei 9.394/96), nos Sistemas Estaduais de Ensino das regiões Sudeste e Sul.
- Sistematizar as características do ER nos Estados brasileiros das regiões Sudeste e Sul.

SUBSÍDIOS PARA APROFUNDAMENTO

A região Sudeste do Brasil é composta pelos Estados de Minas Gerais, Espírito Santo, Rio de Janeiro e São Paulo. Em seguida temos a região Sul, com os Estados do Paraná, Santa Catarina e Rio Grande do Sul.

Para realizar o levantamento da legislação que regulamenta o ER nesses Estados, solicitamos informações especialmente através dos CEEs e das SEEs. Os documentos que a seguir apresentamos são os que nos foram enviados.

Região Sudeste

Minas Gerais

Em relação ao ER nesse Estado, destacamos duas importantes legislações: a Resolução 465, de 18 de dezembro de 2003, e o Parecer 489, aprovado em 23 de junho de 2004.

A Resolução dispõe sobre critérios de oferta de ER. Articula-se com a Lei 9.475/97, art. 33, centrando-se na definição de condições de admissão de professores, e introduz a terminologia Educação Religiosa, ao entendê-la

> como disciplina obrigatória no currículo de ensino fundamental, nos horários normais de funcionamento das escolas públicas de Minas Gerais, assegurado o respeito à diversidade cultural religiosa do Brasil, vedadas quaisquer formas de proselitismo, sendo a matrícula facultativa para o aluno (art. 1º).

Merece destaque nessa Resolução a preocupação em assegurar que a SEE institua a Comcer e, ouvindo o Coner, crie a Crer, composta de três representantes da SEE e de um representante por denominação associada ao Coner de Minas Gerais. São, portanto, duas comissões de abrangências diferentes, vinculadas ao Coner de Minas Gerais, cujas atribuições são:

I – Cooperar na criação da Comcer;
II – promover, em parceria com a Comcer de Minas Gerais, a formação de Crers, nas Superintendências Regionais de Ensino, observando

o disposto no art. 3º desta Resolução, delegando a competência necessária para representá-lo;

III – elaborar e executar, em parceria com a Comcer e a Crer, programas de formação e qualificação de professores de Educação Religiosa, promovidas pela SEE ou Coner (CEE, Resolução 465/03, art. 4º, incs. I, II, III).

Note-se que há três segmentos, sob a orientação da SEE, para viabilizar a Educação Religiosa nas escolas estaduais. Compete às Comissões Regionais de Educação Religiosa:

I – Acompanhar e avaliar a implementação das Diretrizes para a Educação Religiosa no Estado de Minas Gerais, no âmbito de sua jurisdição;

II – expedir documento próprio de credenciamento, para candidatos ao exercício da docência, observados os critérios definidos pelo Comcer (CEE, Resolução 465/03, art. 5º).

Essas comissões reafirmam o princípio democrático representado pelo envolvimento da parcela da sociedade civil e validam o princípio do respeito à diversidade cultural religiosa. Contudo, podem ser questionáveis os limites de atuação e possíveis ingerências das comissões em se tratando de uma área de conhecimento no contexto escolar.

Essa Resolução contém alguns avanços. No entanto, em termos da atuação de professores, chama a atenção o fato de que

o professor efetivo excedente em quaisquer dos conteúdos do currículo do ensino fundamental e médio poderá ministrar Educação Religiosa mediante opção manifestada por escrito à Superintendência Regional de Ensino, respeitados os critérios desta Resolução (art. 10).

Não havendo candidatos excedentes que optem por lecionar Educação Religiosa, podem ser autorizados os profissionais que comprovem:

I – matrícula e freqüência em curso superior de Ciências da Religião ou Pedagogia com ênfase em ER, com prioridade para a comprovação de freqüência em período mais avançado;
II – autorização para lecionar qualquer conteúdo, obedecida a ordem dos grupos de classificação, acrescida de atestado de matrícula e freqüência em curso de capacitação e atualização, ou curso de Metodologia e Filosofia do ER aprovado ou reconhecido pela Conet e pela Comcer, com carga horária mínima de 40 (quarenta) horas (art. 8º).

Serão convocados professores efetivos excedentes, bem como candidatos à função pública, segundo quinze possibilidades de ordem classificatória:

I – Curso de licenciatura plena em ER ou Educação Religiosa ou Pedagogia com ênfase em ER, acrescido do curso de especialização *stricto sensu* de Educação Religiosa;
II – curso de licenciatura plena em ER ou Educação Religiosa ou Pedagogia com ênfase em ER, acrescido do curso de especialização *lato sensu* de Educação Religiosa;
III – curso de licenciatura plena em ER ou Educação Religiosa ou Pedagogia com ênfase em ER;

IV – curso de licenciatura plena, acrescido do curso de especialização *stricto sensu* de Educação Religiosa;

V – curso de licenciatura plena, acrescido do curso de especialização *lato sensu* de Educação Religiosa;

VI – curso de licenciatura plena, acrescido do curso de Metodologia e Filosofia do ER de 120 (cento e vinte) horas;

VII – curso de licenciatura plena, acrescido do curso de Metodologia e Filosofia do ER de 80 (oitenta) horas;

VIII – curso de licenciatura plena, acrescido do curso de Metodologia e Filosofia do ER de 40 (quarenta) horas;

IX – curso de licenciatura curta, acrescido do curso de especialização *lato sensu* de Educação Religiosa;

X – curso de licenciatura curta, acrescido do curso de Metodologia e Filosofia do ER de 120 (cento e vinte) horas;

XI – curso de licenciatura curta, acrescido do curso de Metodologia e Filosofia do ER de 80 (oitenta) horas;

XII – curso de licenciatura curta, acrescido do curso de Metodologia e Filosofia do ER de 40 (quarenta) horas;

XIII – curso normal de nível médio, acrescido do curso de Metodologia e Filosofia do ER de 120 (cento e vinte) horas;

XIV – curso normal de nível médio, acrescido do curso de Metodologia e Filosofia do ER de 80 (oitenta) horas;

XV – curso normal de nível médio, acrescido do curso de Metodologia e Filosofia do ER de 40 (quarenta) horas (art. 7º).

Para efeito dessa classificação, são considerados os certificados de cursos de capacitação, os reconhecidos pelo Coner de Minas Gerais. Ao término do ano letivo, a escola deverá enviar avaliação do desempenho do professor de ER ao Coner e a seu representante regional, segundo orientação da SEE (cf. CEE, Resolução 465/03, art. 12, parágrafo único).

A oferta de Educação Religiosa em Minas Gerais dar-se-á obrigatoriamente nas escolas públicas de 5ª à 8ª série do ensino fundamental. Pode ser oferecida nas séries iniciais, desde que haja disponibilidade de professores (cf. art. 11).

São Paulo

O art. 33 da LDBEN (cf. 9.394/96) é regulamentado pela Deliberação 16/01 do CEE. Ela trata da capacitação para o exercício do magistério em ER, dos conteúdos da disciplina, da carga horária e da abertura a instituições religiosas para a oferta dessa disciplina.

Segundo essa Deliberação, podem lecionar nas quatro primeiras séries do ensino fundamental

a) os portadores de diploma de magistério em normal médio;
b) os portadores de licenciatura em pedagogia, com habilitação no magistério de 1ª à 4ª série do ensino fundamental (cf. art. 2º) e, nas séries finais do ensino fundamental, os licenciados em História, Ciências Sociais e Filosofia (cf. art. 3º).

Não há diferença em relação a outras legislações quanto à questão de o ER ser ministrado, nas séries iniciais do ensino fundamental, pelo próprio professor da classe, e que os conteúdos sejam abordados de modo transversal.

Os conteúdos do ER serão definidos em conformidade com a Indicação 07/01, ouvidas entidades civis, tal como prescrito no

§ 2º da LDBEN 9.475/97. Tal disciplina e, conseqüentemente, seus conteúdos deverão constar da proposta pedagógica da escola, com acréscimo de carga horária à mínima anual exigida. O art. 6º, parágrafo único, define que anualmente, no mês de setembro, o CEE promoverá encontro para propor orientações a serem realizadas no decorrer do ano letivo seguinte.

Destaque-se a iniciativa da SEE em relação ao desenvolvimento de projetos de capacitação docente para a atuação do professor no ER. Com relação a essa matéria, o sistema público de ensino estadual não se subordinou a entidades externas nem quanto aos conteúdos, nem quanto à formação e atuação docente nessa disciplina. Até porque a Lei 9.475/97 não diz que conteúdos, formação e avaliação docente deverão ser definidos por entidades representantes de confissões religiosas.

É curioso constatar que esse documento, no art. 8º, §§ 1º-3º, determina que as escolas estaduais disponibilizarão espaços, em geral nos finais de semana, ou seja, fora dos horários normais das aulas, para que as instituições religiosas possam ministrar aulas de ER confessional. Esse ensino não deve ser confundido com o ER previsto na legislação nacional vigente (cf. Lei 9.475/97, que dá nova redação ao art. 33 da LDBEN 9.394/96).

Essa modalidade do ER será facultativa para os alunos e sem ônus para os cofres públicos:

§ 1º As atividades a serem desenvolvidas ficarão a cargo de representantes das diferentes instituições, na forma de trabalho voluntário;

§ 2º a autorização para o uso de espaço do prédio escolar para o ER de natureza confessional será feita sob responsabilidade da escola, a partir de programação elaborada pela instituição interessada e aprovada pelo conselho da escola;

§ 3º a matrícula facultativa dos alunos em turmas de ER confessional somente será realizada mediante conhecimento dos pais sobre a natureza do conteúdo e autorização expressa dos mesmos (Deliberação 16/01, art. 8º, §§ 1º-3º).

A escola pode tornar-se um espaço de circulação de diferentes confissões religiosas, o que pode comprometer a natureza do ER enquanto disciplina curricular e favorecer o proselitismo religioso.

Mas o governo de São Paulo, pelo Decreto 46.802, de 5 de junho de 2002, volta a regular o ER no Estado, reiterando alguns aspectos já apontados na Deliberação 16/01, do CEE, tal como a integração dessa disciplina à proposta pedagógica da escola. Ressalta ainda a necessidade de assegurar o respeito à diversidade cultural religiosa e os fundamentos em princípios de cidadania, ética, tolerância e valores universais presentes em todas as religiões.

Esse Decreto reafirma certas posições do Estado em relação às questões cuja natureza é própria do sistema de ensino, entre elas a definição de conteúdos, que fica a cargo do CEE. A este compete também avaliar a implementação do ER nas escolas estaduais ouvindo o Coner do Estado, bem como outras entidades civis representativas de diferentes confissões religiosas, além de representantes da SEE e de entidades do magistério (cf. art. 3º, parágrafo único). Observa-se que, embora se tenham alargado as possibilidades de participação de entidades religiosas e segmento profissional e educacional, o controle permanece com o CEE, no sentido de definir diretrizes de orientação curricular e conteúdos de ER.

Rio de Janeiro

A Assembléia Legislativa do Rio de Janeiro aprovou a Lei 3.459, de 14 de setembro de 2000, que dispõe sobre o ER confessional nas escolas públicas do Estado. Embora fundamentada no disposto no art. 33 da Lei 9.475/97, a Lei traz uma ambigüidade:

> Art. 1º O ER, de matrícula facultativa, é parte integrante da formação básica do cidadão e constitui disciplina obrigatória dos horários normais das escolas públicas, na educação básica, sendo disponível na *forma confessional*, de acordo com as preferências manifestadas pelos responsáveis ou pelos próprios alunos a partir de 16 (dezesseis) anos, inclusive, assegurado o respeito à diversidade cultural e religiosa do Rio de Janeiro, vedadas quaisquer formas de proselitismo (grifo nosso).

São habilitados para ministrar aulas de ER nas escolas oficiais os professores que atendem às seguintes condições:

> I – Que tenham registro no MEC, e de preferência que pertençam aos quadros do magistério público estadual;
> II – tenham sido credenciados pela autoridade religiosa competente, que deverá exigir do professor formação religiosa obtida em instituição por ela mantida ou reconhecida.
> (Assembléia Legislativa Estadual, Lei 3.459/00, art. 2º.)

No inc. II é admitido o credenciamento de professores pela autoridade religiosa. O mesmo acontece com a definição dos conteúdos:

> Fica estabelecido que o conteúdo do ER é atribuição específica das diversas autoridades religiosas, cabendo ao Estado o dever de apoiá-lo integralmente (art. 3º).

Nesse sentido, o Estado delega completamente os rumos do ER às autoridades religiosas. Aqui não há consonância com o art. 33 da LDBEN (9.475/97). O mesmo acontece com relação à inclusão do cômputo da carga horária nas oitocentas horas. Embora às autoridades religiosas seja concedida a prerrogativa de que elas têm atribuição específica para definir os conteúdos do ER, ao Estado cabe custear seu desenvolvimento, através do pagamento dos professores. Ao Estado compete contratá-los.

Espírito Santo

A Assembléia Legislativa do Espírito Santo promulgou, no dia 25 de junho de 2002, a Lei 7.193, que em seu todo praticamente repete a Lei 3.459, de 14 de setembro de 2000, do Rio de Janeiro. As únicas modificações introduzidas no texto da Lei do Espírito Santo são as pertinentes às mudanças do nome do Estado.

Região Sul

Paraná

A Deliberação 01, de 11 de fevereiro de 2006, revoga as Deliberações anteriores, respectivamente, 3 de agosto de 2002, e 7 de novembro de 2002, que tratavam de normas para o ER. Esse processo, encaminhado pela SEE, desejava obter maiores esclarecimentos sobre: o tratamento da disciplina como tema transversal nas séries iniciais, a inclusão dessa disciplina em mais de uma série nos anos finais do ensino fundamental, o seu objeto de estudo, a pertinência de entendê-lo situando o sagrado como cerne da experiência religiosa do cotidiano e a abrangência do papel das entidades civis, aspectos previstos no art. 33 da LDBEN.

Cabe inicialmente falar sobre a obrigatoriedade do ER, definida no art. 5º: o ER é de oferta obrigatória por parte do estabelecimento, sendo facultativo ao aluno. Ao fazer opção de cursá-lo ou não, os procedimentos são os seguintes:

Art. 5º

§ 1º O aluno, se capaz, ou seu responsável, deverá manifestar sua opção em participar das aulas de ER.

§ 2º Uma vez inscrito, o aluno só poderá se desligar por manifestação formal, sua ou do responsável.

§ 3º Aos alunos que não optarem pela participação às aulas de ER, deverá o estabelecimento providenciar atividades pedagógicas adequadas, sob a orientação de professores habilitados.

§ 4º Não se exigirá, dos alunos inscritos no ER, nota ou conceito para aprovação, mas os estabelecimentos de ensino deverão explicitar em suas propostas pedagógicas como será feita a avaliação na disciplina. Caso o aluno opte por não cursá-la, delibera-se que o estabelecimento deverá providenciar atividades pedagógicas adequadas, sob a orientação de professores.

Em se tratando dos conteúdos a serem ministrados no ER, sua definição é orientada por pressupostos

a) da concepção interdisciplinar do conhecimento, sendo a interdisciplinaridade um dos princípios de estruturação curricular e da avaliação;
b) da necessária contextualização do conhecimento, que leve em consideração a relação essencial entre informação e realidade;
c) da convivência solidária, do respeito às diferenças e do compromisso moral e ético;
d) do reconhecimento de que o fenômeno religioso é um dado da cultura e da identidade de um grupo social, cujo conhecimento deve promover o sentido da tolerância e do convívio respeitoso com o diferente;
e) de que o ER deve ser enfocado como área do conhecimento em articulação com os demais aspectos da cidadania (cf. CEE/PR, Parecer 464/03).

Os conteúdos assim definidos serão ofertados pela escola pública de ensino fundamental, de acordo com o art. 33 da Lei 9.394/96, nos anos iniciais, como os demais componentes curriculares, e nos anos finais, conforme a composição da matriz curricular e o previsto na proposta pedagógica da escola, devendo constar da proposta pedagógica da escola (art. 3º, incs. I e II).

A abertura da escola pública para instituições religiosas para a oferta de ensino confessional de caráter facultativo aos alunos é uma prerrogativa a ser cumprida por meio das seguintes condições:

Art. 6º
§ 1º As atividades a serem desenvolvidas, neste caso, ficarão sob a responsabilidade das instituições requerentes, sob forma de trabalho voluntário, sem ônus para o Poder Público.
§ 2º A autorização para o uso do espaço escolar público para o ER de caráter confessional será concedida pela direção do estabelecimento, em consonância com as normas emanadas da administração.

Para atuação no magistério de ER nas quatro primeiras séries do ensino fundamental estão habilitados:

Art. 7º
I – o portador de diploma obtido em curso de nível médio — modalidade normal, ou equivalente;
II – o graduado em curso de Pedagogia, com habilitação para o magistério dos anos iniciais;
III – o graduado em curso normal superior.

E para as séries finais do ensino fundamental habilita-se, de acordo com o art. 8º:

Os portadores de diploma de graduação nos cursos de licenciatura em Filosofia, História, Ciências Sociais ou Pedagogia.

Além disso, destaque-se que

Art. 9º
A SEE desenvolverá programas de capacitação de docentes para o ER.

Santa Catarina

O governo de Santa Catarina, pelo Decreto 3.882, de 28 de dezembro de 2005, regulamenta o ER nas escolas de ensino fundamental da rede pública estadual. Destaca inicialmente o caráter facultativo da disciplina:

Art. 6º A organização das classes para as aulas de ER obedecerá aos mesmos critérios utilizados para as demais disciplinas.

Aos alunos que não optarem por aulas de ER, deverão ser propiciadas pela escola outras atividades, no mesmo horário de aula do ER, conforme preconiza a Constituição de Santa Catarina, em seu art. 164, § 1º, e a Lei Complementar 170, no art. 37, §§ 1º e 2º, e arts. 11 e 12. Esclarece-se ainda, no § 4º, que

nas aulas de ER não serão permitidas conotações ideológico-político-partidárias, nem quaisquer formas de discriminação a religiões ou pessoas, bem como não será utilizado material didático que contrarie o estabelecido neste dispositivo.

Lembremos que as atividades a serem desenvolvidas se referem antes de tudo a conteúdos, contidos nos programas que integram os componentes curriculares. A idéia está asseverada no parágrafo único do art. 7º, qual seja: os conteúdos de ER, a serem trabalhados nas escolas, estão delineados na Proposta Curricular de Santa Catarina e em sua implementação.

A habilitação e a admissão de professores, bem como a formação continuada e atualização didático-pedagógica, ficarão a cargo do próprio sistema de ensino por meio da SEE, Ciência e Tecnologia, conforme consta nos artigos 3º e 5º. Destaque-se que não há especificidades relacionadas às séries do ensino fundamental, como nos demais documentos apreciados. A referência é feita no sentido de que a habilitação será obtida mediante curso de graduação de licenciatura plena em ER oferecido pelas universidades (cf. art. 3º). Os professores são integrantes do corpo docente da escola e vinculam-se ao sistema de educação estadual, como é possível depreender do conteúdo do art. 4º:

> Os professores de ER integram o corpo docente para todos os fins e efeitos, tendo em vista a eficiência no cumprimento dos objetivos do ER estabelecidos nos Parâmetros Curriculares Nacionais do ER e na Proposta Curricular do Estado de Santa Catarina. Enquanto não houver todos os professores graduados em cursos de licenciatura plena em ER, a admissão em caráter temporário dar-se-á na forma do art. 5º da Lei 8.391, de 13 de novembro de 1991 (art. 10).

Por fim, importa destacar que nesse Estado não há parceria com entidades religiosas, conforme prevê a LDBEN (cf. 9.475/96). Cabe à SEE, Ciência e Tecnologia acompanhar o desenvolvimento da disciplina nas escolas, bem como a avaliação, levando em conta sua integração ao projeto político-pedagógico da escola e sua relação com o currículo (cf. art. 8º).

Rio Grande do Sul

O CEE desse Estado, por meio da Resolução 256, de 22 de março de 2000, regulamenta a habilitação de professores de ER e os procedimentos para a definição dos conteúdos desse componente curricular. Para ministrar ER, os professores serão

Art. 1º
I – os titulados em nível médio ou superior para a docência na educação infantil e/ou nos quatro anos iniciais do ensino fundamental, para atuar nesses níveis da escolarização;
II – os licenciados em qualquer área do currículo que tenham realizado curso ou cursos de preparação para lecionar o componente curricular ER, para atuar nos quatros anos finais do ensino fundamental e no ensino médio.
§ 1º O curso, ou a soma da carga horária dos cursos, de que trata o inc. II, deverá totalizar, no mínimo, 400 (quatrocentas) horas.

Embora nesse documento conste que a titulação obtida pelos professores deverá provir de instituições inseridas no sistema público de ensino, por exemplo, em Universidades Estaduais, não é isso que consta do § 2º do art. 1º:

O curso ou cursos poderão ser oferecidos pelas denominações religiosas ou por estabelecimento de ensino, independente de autorização, nas seguintes modalidades, conforme o caso:
I – curso de atualização ou aperfeiçoamento;
II – curso de qualificação profissional;
III – curso de extensão universitária;
IV – curso em nível de pós-graduação.

Os conteúdos de ER serão definidos e fixados pela escola, e integrarão seu projeto pedagógico, observadas as Diretrizes Curriculares Nacionais e com base em parâmetros curriculares que serão estabelecidos sob a coordenação da SEE (cf. art. 3º). Esse aspecto é positivo, pois assegura a autonomia escolar e, ao mesmo tempo, corresponde ao estabelecido pela LDBEN (cf. 9.475/97), por meio da compreensão de que, para a fixação dos parâmetros curriculares, será ouvida entidade civil, constituída pelas diferentes denominações religiosas (cf. art. 4º):

Art. 5º
A entidade civil de que trata o artigo anterior será credenciada pelo CEE, com base em solicitação, instruída com os seguintes documentos:
I – requerimento;
II – estatuto social;
III – relação de associados, indicando sede, endereço e responsável;
IV – qualificação do corpo dirigente, com identificação, endereço de cada membro.

QUESTÕES

1) Com base nas legislações aprovadas nos Estados brasileiros, qual o perfil do ER nas regiões Sudeste e Sul do país?
2) Existem aspectos divergentes entre estas regiões provocados pelos diferentes enfoques das legislações estaduais? Quais são eles?

BIBLIOGRAFIA SUGERIDA

No final desta obra, páginas 115-116, indicamos as legislações — Constituições Estaduais, Resoluções e Pareceres — referentes ao ER nos respectivos Estados das regiões Sudeste e Sul.

CONSIDERAÇÕES FINAIS

Ao longo da história da educação brasileira, observa-se a presença do ER nas escolas públicas como disciplina obrigatória para a escola e facultativa para o aluno. Nem mesmo a reforma pombalina, com o banimento do trabalho missionário e catequético empreendido pelos jesuítas, eliminou o ensino da religião oficial do Estado Português, como componente curricular obrigatório, considerado por seus mentores como central à escolarização da população brasileira.

Durante todo o período imperial, o ensino da religião católica, que permaneceu como o credo oficial do Estado nacional, seguiu sempre como elemento integrante da pedagogia escolar. A religião foi considerada elemento do currículo das escolas oficiais, de tal modo que seu conhecimento era condição indispensável no ofício de ensinar. Na implantação da própria República, no contexto das idéias modernizantes, que preconizavam uma escola pública, laica, onde surgiram discussões veementes sobre a presença, nas escolas, do estudo da religião católica ou mesmo de outra religião, o ensino da religião confessional não foi abolido do dia-a-dia do currículo escolar e nem mesmo das diversas normatizações legais. Na Constituição de 1891, o ensino público aparece pela primeira vez na história das constituições brasileiras como ensino laico.

Nas primeiras leis gerais de ensino, a Lei 4.024/61 e a Lei 5.692/71, encontra-se a determinação para que o ER seja ministrado nos horários normais das escolas oficiais brasileiras.

No que se refere ao tratamento dado ao ER nas legislações de ensino nacionais e sobretudo estaduais, percebe-se a necessidade de maior clareza em relação aos fundamentos epistemológicos, antropológicos, sociológicos, filosóficos e pedagógicos do ponto de vista curricular, enquanto área de conhecimento.

O debate sobre o ER tem mobilizado parcela significativa da sociedade brasileira no restabelecimento da disciplina em âmbito nacional. Nesse sentido, os movimentos pró e contra fazem parte do cenário da história da educação brasileira. A temática esteve sempre presente nas discussões dos movimentos sindicais dos profissionais da educação, desde a criação da Associação Brasileira de Educação e dos debates educacionais promovidos pelas Conferências Nacionais de Educação.

O caráter optativo do ER, pela matrícula facultativa, está instituído desde as Constituições de 1934 até a de 1946. Sua implantação e/ou implementação no currículo escolar reascende cada vez que surgem grandes discussões educacionais, voltando à tona a polêmica sobre a laicidade do Estado.

Os embates ideológicos no período pós-1930, entre o movimento renovador e "os representantes da escola tradicional", como afirma Fernando Azevedo (1958), tiveram conseqüências práticas na elaboração do texto da Constituição de 1934 e 1937.

Embora a educação brasileira esteja remetida aos sistemas de ensino desde a Constituição de 1946, em seu art. 171 ("Os Estados e o Distrito Federal organizarão os seus sistemas de ensino"), o ER não tem ocupado o seu espaço no conjunto das discussões curriculares, deparando-se com uma constante problemática secular ao delimitar seu campo específico para área de conhecimento, recebendo um tratamento diferenciado das demais disciplinas.

A inclusão do ER manteve-se em todos os graus de ensino da escola pública, desde o ensino primário (cf. Lei Orgânica do Ensino Primário 8.529/46) até a escola normal (cf. Lei Orgânica do Ensino Normal 8.530/46). Muito embora houvesse um debate entre a laicidade do ensino público e seu caráter eclesial, havia preocupações de legisladores em garantir a liberdade religiosa dos educandos, promessa do regime republicano.

A inserção do ER na Lei 9.475/97, que dá nova redação ao art. 33 da LDBEN 9.394/96, embora apresente o respeito à diversidade religiosa, na prática é contraditória, não só pelo modo como essa disciplina é entendida, mas também pela inserção da carga horária na matriz curricular do ensino fundamental, bem como pela dificuldade da promoção de cursos de licenciatura para a formação de professores.

Os CNE, CEE e CME têm um papel fundamental na implantação e implementação do componente curricular ER nos sistemas de ensino, em conformidade com o que rege o art. 33 da LDBEN (9.475/97). Eles atuam de forma colegiada, normativa e consultiva, e têm como atribuições interpretar, normatizar e assessorar a legislação educacional com vistas ao efetivo cumprimento dessa Lei nos sistemas de ensino.

Por fim, feita a apreciação de praticamente todos os artigos da legislação sobre ER dos Estados da Federação, é importante ressaltar que, das legislações dos vinte e quatro Estados indicados nesta pesquisa, dezessete legislações foram produzidas pelos CEEs e sete foram elaboradas pelos Governos Estaduais (Assembléias Legislativas ou Governadores). Nesse contexto, sem dúvida fica patente que os documentos emanados dos CEEs demonstram ter mais consistência, em sua maioria, pelo detalhamento a que chegam, por exemplo, em relação a pressupostos que devem orientar a definição e conseqüentemente a fixação de conteúdos, bem como a aspectos que se referem à formação de professores.

Passos significativos foram dados no embasamento legislativo do ER. Contudo, resta muito a ser feito no sentido de propiciar avanços, principalmente no fazer cumprir o ER no espírito da Lei.

BIBLIOGRAFIA

Legislações nacionais

BARBOSA, Rui. O Projeto de Reforma da Instrução Pública de Leôncio de Carvalho, 7247, de 19 de abril de 1879. Reforma do ensino secundário e superior. In: *Obras Completas*. Rio de Janeiro: Ministério da Educação e Saúde, 1942. v. 9, t. 1, 1882.

BORJA, Célio. *Nota sobre a Lei 9.394*. Rio de Janeiro: Mimeo, 1997.

BRASIL, CONSELHO NACIONAL DE EDUCAÇÃO, *Parecer 05/97 – Proposta de Regulamentação da Lei 9.394/96*. Brasília: Mimeo, 1997.

BRASIL, Parecer 97, de 6 de abril de 1999. Formação de professores para o Conselho Nacional de Educação. Ensino Religioso nas escolas públicas de ensino fundamental.

BRASIL, Parecer 04/98 e Resolução 02/98. CNE. Câmara de Educação Básica. Diretrizes Curriculares Nacionais para o Ensino Fundamental.

BRASIL, Lei 9.394 – Diretrizes Brasileiras para a Educação – "Lei Darcy Ribeiro". *Diário Oficial da União* (23 de dezembro de 1996).

BRASIL, MINISTÉRIO DA EDUCAÇÃO E DESPORTO, *Lei de Diretrizes e Bases da Educação Nacional – Lei 9.394/96*. Rio de Janeiro: Qualitymark, 1997.

BRASIL, CES, Parecer 1.105, de 23 de novembro de 1999, CNE.

BRASIL. *Constituição da República Federativa do Brasil*. Brasília, 1988.

CÂMARA DOS DEPUTADOS. Substitutivo do Projeto de Lei – Diretrizes da Educação. *Diário da Câmara Federal* (18 de dezembro de 1996), 33.600.

CAPANEMA, G. *Projeto da Lei Orgânica do ensino secundário*. Rio de Janeiro: Mimeo, 1941.

CURY, Carlos Roberto Jamil. *Legislação educacional brasileira*. Rio de Janeiro: DPA, 2000.

REPÚBLICA DOS ESTADOS UNIDOS DO BRASIL. *Coleção de Leis*. Rio de Janeiro: Senado Federal, 1931. v. 1.

SENADO FEDERAL, Projeto de Lei – Diretrizes da Educação. *Diário do Senado* (25 de outubro de 1995), 1.644 e 1.708.

SENADO FEDERAL, Projeto de Lei – Diretrizes da Educação. *Diário do Senado* (1º de março de 1996), 3.252 e 3.280.

Legislações estaduais e municipais

Região Norte

AMAPÁ, Resolução 14, de 5 de março de 2006, CEE.
AMAZONAS, Resolução 40, de 1º de junho de 1998, CEE.
_____, Resolução 03, de 16 de abril de 2002, CEE.
_____, Resolução 08, de 18 de setembro de 2001, CEE.
_____, Parecer 037, de 18 de setembro de 2001, CEE.
MANAUS, Resolução 07, de 7 de novembro de 2002, CME.
PARÁ, Constituição Estadual, de 5 de outubro de 1989.
RONDÔNIA, Resolução 108, de 15 de dezembro de 2003, CEE.

Região Nordeste

ALAGOAS, Resolução 03/02 e Parecer 06/02, CEE de Alagoas e Câmara de Educação Básica: *Diário Oficial do Estado de Alagoas*, em 4 de julho de 2002.

BAHIA, Lei 7.945, de 13 de novembro de 2001, Assembléia Legislativa Estadual.

BAHIA, MUNICÍPIO DE BARREIRAS, Resolução 02, de 24 de junho de 2004, CME.

CEARÁ, Parecer 449, de 28 de abril de 1998, CEE.

_____, Resolução 404, de 14 de setembro de 2005, CEE.

_____, Lei 8.197, de 6 de dezembro de 2004, CEE.

MARANHÃO, Lei 7.715, de 21 de dezembro de 2001, Assembléia Legislativa Estadual.

PARAÍBA, Resolução 197, de 3 de junho de 2004, CEE.

PERNAMBUCO, Parecer 654, de 27 de agosto de 2003, CEE.

PIAUÍ, Resolução 348, de 2005, CEE.

RIO GRANDE DO NORTE, Parecer 050, de 8 de novembro de 2000, CEE.

SERGIPE, Resolução 019, de 26 de novembro de 2003, CEE.

Região Centro-Oeste

DISTRITO FEDERAL, Decreto de 19 de agosto de 2005, Governo do Estado.

DISTRITO FEDERAL, Lei Orgânica do Distrito Federal 2.230, de 31 de dezembro de 1998, Governo do Distrito Federal.

GOIÁS, Resolução 285, de 9 de dezembro de 2005, CEE.

MATO GROSSO DO SUL, Deliberação 7.760, de 21 de dezembro de 2004, CEE, *Diário Oficial* de 27 de dezembro de 2004.

MATO GROSSO, Resolução 006, de 18 de janeiro de 2000, CEE.

Região Sudeste

ESPÍRITO SANTO, Lei 7.193, de 25 de junho de 2002, Assembléia Legislativa Estadual.

MINAS GERAIS, Resolução 465, de 18 de dezembro de 2003, CEE.
RIO DE JANEIRO, Lei 3.459, de 14 de setembro de 2000. Assembléia Legislativa Estadual.
SÃO PAULO, Decreto 46.802, de 5 de junho de 2002. Governo do Estado, *Diário Oficial do Estado* de 6 de junho de 2002.
_____, Deliberação 16, 25 de julho de 2001, CEE, *Diário Oficial do Estado* de 28 de julho de 2001.

Região Sul

PARANÁ, Deliberação 01, de 11 de fevereiro de 2006, Câmara de Legislação e Normas do CEE.
RIO GRANDE DO SUL, Resolução 256, de 22 de março de 2000, CEE.
SANTA CATARINA, Decreto 3.882, de 28 de dezembro de 2005, Governo do Estado.

Outros

BONAVIDES, Paulo; AMARAL, Roberto. *Textos políticos da História do Brasil*. Brasília: Senado Federal, 1996. vv. 8 e 9.
CARON, Lurdes. *O Ensino Religioso na nova LDB*. Petrópolis: Vozes, 1998.
CHAGAS, Valnir. *Educação Brasileira: o ensino de 1º e 2º graus*. 2. ed. São Paulo: Saraiva, 1980.
FÁVERO, Osmar (org.). *A educação nas constituições brasileiras*. Campinas: Autores Associados, 1996.
FERNANDO, Azevedo. *A cultura brasileira*. 3 ed. São Paulo: Melhoramentos, 1958.

FIGUEIREDO, Anísia de Paulo (org.). *Legislação do Ensino Religioso no Brasil, no contexto de diferentes épocas*. Brasília: Mimeo, 2000.

_____. *O Ensino Religioso no Brasil: tendências, conquistas e perspectivas*. Petrópolis: Vozes, 1995.

FÓRUM NACIONAL PERMANENTE DO ENSINO RELIGIOSO. O Ensino Religioso e a nova LDB. *Diálogo* 2:6 (1997), pp. 60-61.

JUNQUEIRA, Sérgio Rogério Azevedo. *O processo de escolarização do Ensino Religioso no Brasil*. Petrópolis: Vozes, 2002.

LUSTOSA, Oscar. *Catequese Católica no Brasil*. São Paulo: Paulinas, 1992.

MOTTA, Elias de Oliveira. *Direito Educacional e educação no século XXI*. Brasília: Unesco, 1997. pp. 330-331.

PEIXOTO, Júlio Afrânio. *Noções de História da Educação*. São Paulo: Companhia Editora Nacional, 1942.

RIBEIRO, Maria Luisa Santos. *História da Educação Brasileira*. 15. ed. Campinas: Autores Associados, 1998.

ROMANELLI, Otaíza de Oliveira. *História da Educação no Brasil*. Petrópolis: Vozes, 1989.

Impresso na gráfica da
Pia Sociedade Filhas de São Paulo
Via Raposo Tavares, km 19,145
05577-300 - São Paulo, SP - Brasil - 2010